PROCÈS-VERBAL

DES SÉANCES

DE L'ASSEMBLÉE

DES DÉPUTÉS FRANÇAIS

PROFESSANT LA RELIGION JUIVE.

PROCÈS-VERBAL

DES SÉANCES

DE L'ASSEMBLÉE

DES DÉPUTÉS FRANÇAIS

PROFESSANT LA RELIGION JUIVE;

Imprimé d'après le Manuscrit communiqué
par M. le Président.

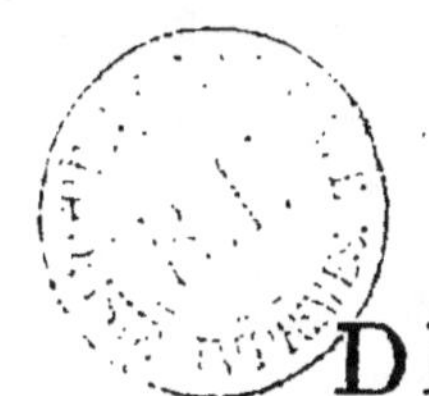

~~~~~~~~~~~~~

A PARIS,

Chez DESENNE, Libraire, Palais du Tribunat,
Galerie de pierre, n.° 2.

1806.
~~~~~~~~~~~~~

AVERTISSEMENT.

ON a cru intéressant de recueillir les travaux de l'assemblée des Français professant la religion de Moïse, comme des matériaux précieux pour l'histoire.

Cette assemblée est un événement fort extraordinaire dans les annales du christianisme; elle doit exciter l'attention et l'intérêt de tous les hommes instruits.

Ses travaux vont acquérir un nouveau degré d'intérêt par la convocation du sanhédrin.

Nous donnerons successivement tout ce qui émanera de l'assemblée actuelle et du sanhédrin; en sorte que l'on peut regarder ce que l'on publie aujourd'hui, comme la première partie des procès-verbaux de l'une et de l'autre assemblée.

LISTE

DE MM. LES DÉPUTÉS

DE LA NATION JUIVE,

Convoqués à Paris par ordre de sa Majesté l'Empereur et Roi.

~~~~~~~~~~

ABRAHAM FURTADO, *Président.*

ISAAC-SAMUEL AVIGDOR,
RODRIGUE fils, } *Secrétaires.*

CERF-BERR (Théodore),
OLRY HAYEM WORMS,
ÉMILIE VITTA, } *Scrutateurs.*

ADIGE (L').

GIROLAMO BAZILEA.
ISRAEL COEN.

ADRIATIQUE (L').

AARON LATIS, propriétaire à Venise.
ABRAHAM TEDESCO, négociant à Venise.
JACOB SAMUEL CRACOVIA, rabbin à Venise.

ALPES-MARITIMES.

ISAAC-SAMUEL AVIGDOR, à Nice.
~~~~~~~~~~

BOUCHES-DU-RHONE.

SABATON CONSTANTINI, négociant à Marseille.

COTE-D'OR.

BLUM (David), négociant à Dijon.

CROSTOLO.

JACQUES CARMI, rabbin à Reggio.

DOIRE.

JOSEPH VITA MONMILLIEN.

DOUBS.

LIPMANN (Nathan), propriétaire, négociant en hor-
logerie, résidant à Besançon.

GARD.

CADET CARCASSONNE, résidant à Nîmes.

GIRONDE.

ABRAHAM FURTADO, propriétaire à Bordeaux.

ISAAC RODRIGUES, négociant.

HÉRAULT.

MOÏSE NAQUET-VIDAL, marchand de soieries.

LANDES.

ANDRADE (Abraham), rabbin, résidant à Saint-Esprit.

CASTRO fils.

PATTO jeune.

MARENGO.

DEBENEDITTI.

DONATO-AFEU-LELIO, SALOMON VITATE.

ÉMILIE VITTA.

JOSEPH-BENOÎT PAVIA.

MEURTHE.

BERR-ISAAC-BERR, fabricant de tabac à Nancy.

ELIAS SALOMON, propriétaire à Sarrebourg.

GUMPEL-LEVY , négociant , résidant à Nancy.

JACOB BRISAC , propriétaire à Lunéville.

LAZARE LEVY , propriétaire et maire de Donnelay.

LÉON CAHEN , propriétaire à Toul.

MOÏSE LEVY , négociant , résidant à Nancy.

MEUSE-INFÉRIEURE.

DAVID JOSEPH.

MINCIO.

ABRAHAM COLOGNA , rabbin.

BENOÎT FANO , négociant à Mantoue.

MONTENOTTE.

ISRAEL-EMMANUEL OTTOLENGHI.

MONT-TONNERRE.

AARON FRIEDBERG , fabricant de futaines à Bingen.

BENJAMIN (Jacob) , résidant à Mayence.

HERZ-LOEP-LORECH , propriétaire résidant à Mayence.

HERZ OPPENHEIM , à Deux-Ponts.

JACOB HERZ , commerçant et agriculteur à Rots-
kirchen.

JACOB LAZARD , commerçant à Otterberg.

JOSEPH BLOCH , propriétaire à Hombourg.

MOÏSE KAUFFMANN , propriétaire à Neu-Leingen.

MOSELLE.

AARON MARX LEVY , marchand à Metz.

CERF - JACOB GOUDCHAUX , correspondant de la
Banque de France , résidant à Metz.

JACOB GOUDCHAUX BEER , propriétaire à Metz.

JOSEPH HERTZ , propriétaire à Sarreguemines.

SCHWAB le jeune , marchand à Metz.

NORD.

Salomon, négociant à Lille.

OLONA.

David Sanson Pavia.

Moïse Formiggini.

PANARO.

Benjamin Uzigli.

Bonaventura Modena, rabbin.

PO.

David Levy, adjoint au maire de Quiers.

Jacques Todros, résidant à Turin.

Samuel-Jacob Ghidiglia, à Turin.

PO (Bas-).

Bondi Zamorani, rabbin à Ferrare.

Graziadio Neppi, rabbin et médecin à Ferrare.

PYRÉNÉES (Basses-).

Furtado jeune, armateur.

Marc Foi aîné, négociant.

RENO.

Felice Levi.

Lazaro Coen.

RHIN (Bas-).

Abraham Cahen, de Saverne.

Abraham Piccard l'aîné, à Strasbourg.

Auguste Ratisbonne, marchand de draps à Strasbourg.

Baruch Cerf-Berr, propriétaire.

Cerff Salomon, marchand à Strasbourg.

Daniel Levy, négociant à Strasbourg.

David Zinsheimer, rabbin à Strasbourg.

HIRSCH BLOCH, cultivateur à Diebolsheim.

ISRAEL RHENS, à Strasbourg.

JACQUES MEYER, rabbin à Niederhuheim.

JOSEPH DREYFOSS, résidant à Haguenau.

HIRSCH LAZARRE, rabbin, de Haguenau.

LAZARE WOLFF, de Neuwiller, marchand.

RUEFF PICARD, à Strasbourg.

SAMUEL WITTERSHEIM, négociant à Haguenau.

RHIN (HAUT-).

ABRAHAM JACOL, de Colmar.

BARUCH LANG, propriétaire à Sierentz.

CALMAU, rabbin à Beisheim.

DAVID, rabbin, demeurant à Hegenheim.

HEYMANN PICQART, propriétaire et tanneur à Belfort.

HIRTZ SALOMON, propriétaire, marchand de chevaux
à Colmar.

JACOB BRUNSCHWIEG, rabbin.

LIPMANN CERF-BEER, propriétaire, résidant à Paris.

MAYER SAMUEL, de Strasbourg.

MEYER MANHEIMER, à Uffholtz.

SALOMON, rabbin à Colmar.

WOLFF BARUCH, fabricant à Turkheim.

RHIN-ET-MOSELLE.

EMMANUEL-DEUTZ, rabbin à Coblentz.

LYON MARX, propriétaire à Bonn.

MAYER MARX, conseiller municipal à Bonn.

WOLFF BERMANN, marchand à Mayen.

ROER.

SALOMON OPENHEIM, banquier à Cologne.

SARRE.

Meyer Nathan Berncastel, négociant à Trèves.

Jérémie Hirsch, de Sarrebruck, propriétaire.

SEINE.

Beer (Michel), résidant à Paris.

Cerf Berr (Théodore), propriétaire à Paris (a été également nommé à Nancy).

Cremieux (Saül).

Jacob (Lazare), résidant à Paris.

Olry Hayem Worms.

Rodrigue, banquier.

Rodrigue fils, professeur de tenue de livres.

Schmoll (Aaron), résidant à Paris.

Simon Mayer, ex-militaire, inspecteur du Gouvernement dans l'administration militaire.

Wittersheim (C. L.), propriétaire.

SESIA.

Segre, rabbin, propriétaire, conseiller municipal de Verceil, résidant à Verceil.

STURA.

Lattes Élie Aaron, rabbin de Savigliano.

Lattes Salomon fils, propriétaire à Coni.

VAUCLUSE.

Joseph Montaux, marchand de soieries à Avignon.

Moïse Millaud.

VOSGES.

Isaac-Louis May.

Michel Lazare, propriétaire, résidant à Charnau.

Moïse May, propriétaire, résidant à Neufchâteau.

PROCÈS-VERBAL

PROCÈS-VERBAL

DES SÉANCES

DE L'ASSEMBLÉE

DES DÉPUTÉS FRANÇAIS

PROFESSANT LA RELIGION JUIVE.

Séance du 26 juillet 1806.

AUJOURD'HUI, 26 juillet 1806, à onze heures du matin, les députés français professant la religion juive, appelés à Paris en vertu du décret de sa Majesté impériale et royale, du 30 mai dernier, se sont réunis dans une salle attenant à l'Hôtel-de-ville, sur l'invitation qui leur en a été faite par la circulaire de son Excellence le Ministre de l'intérieur, du 23 de ce mois, à l'effet de nommer un président, deux secrétaires et trois scrutateurs.

Pour faire cette élection, l'assemblée s'est constituée sous la présidence de M. Salomon Lipmann, doyen d'âge, et de MM. Moses Levy et Henri Castro fils, secrétaires.

Elle a commencé ses opérations par l'appel de ses membres. En même temps il a été procédé, au scrutin, à la nomination du président. M. Abraham Furtado, ayant réuni la majorité absolue des suffrages, a été proclamé président par le doyen d'âge : mais, avant d'occuper le fauteuil, il a pris la parole, et a remercié l'assemblée de la marque de confiance qu'elle venoit de lui donner; il l'a en même temps engagée à écarter de son sein le trouble et le désordre qui accompagnent presque toujours les grandes assemblées délibérantes. Une funeste expérience, a-t-il dit, n'a que trop prouvé que les hommes réunis en grand nombre assemblent plus souvent leurs passions que leurs vertus. Il a parlé avec le plus profond respect et la plus vive admiration du Héros libérateur qui nous gouverne, et il a engagé l'assemblée à se rendre digne de seconder ses magnanimes desseins par une contenance imposante et tranquille. L'assemblée a vivement applaudi au discours de son président, et la salle a retenti des acclamations réitérées de *vive l'Empereur, vive la famille impériale.*

L'assemblée ayant procédé ensuite, par un seul scrutin, à la nomination de deux secrétaires, MM. J. Rodrigues fils et Samuel

Avigdor ont réuni la majorité relative des suffrages. En conséquence, le nouveau président les a proclamés secrétaires, et ils ont de suite pris place au bureau en cette qualité.

Il a été procédé enfin à la nomination de trois scrutateurs; et la majorité relative des suffrages s'étant réunie sur MM. Olry Hayem Worms, Théodore Cerf-Berr et Émilie Vitta, M. le président les a proclamés scrutateurs : ils ont en conséquence pris leur place au bureau.

Les élections étant terminées, un membre propose de nommer une députation, pour aller, avec le président à sa tête, à Saint-Cloud, porter au pied du trône les sentimens de dévouement, de respect et d'amour qui animent tous les membres de cette assemblée pour la personne sacrée de sa Majesté impériale et royale, et pour assurer l'auguste monarque qui nous gouverne, du zèle empressé avec lequel une partie de ses fidèles sujets s'efforcera de répondre aux importantes communications qui doivent leur être faites en son nom par ses commissaires.

Un autre membre dit : Oui, Messieurs, notre vœu le plus empressé doit être, et il est, de porter au pied du trône l'expression de notre reconnoissance et l'hommage de notre respect, d'y porter notre promesse de concourir de tous nos efforts à l'accomplissement des grands desseins de sa Majesté sur nous, et nos sermens de lui être fidèles et dévoués jusqu'à la mort. Il finit par demander que S. E. M.ᵍʳ le Ministre de l'intérieur soit prié de vouloir bien transmettre à sa Majesté ce vœu des députés juifs, et, en attendant cette faveur que l'assemblée ne sauroit trop apprécier, de vouloir bien se rendre auprès de sa Majesté l'organe des sentimens dont elle est pénétrée.

Un troisième membre fait lecture d'une motion tendante au même but; mais, attendu qu'elle renferme divers articles, M. le président propose, et l'assemblée adopte d'en renvoyer la discussion à la prochaine séance. Après avoir entendu plusieurs membres, l'assemblée arrête d'émettre le vœu de se présenter en masse devant sa Majesté impériale et royale, pour lui exprimer les sentimens d'amour, de respect et de dévouement dont chacun de ses membres est pénétré pour sa personne sacrée, et pour lui jurer de concourir de tout notre pouvoir aux vues bienfaisantes et paternelles dont sa grande ame est animée, et qui ont déterminé notre réunion.

L'assemblée s'ajourne à mardi prochain, 29 courant, à midi précis, et M. le président lève la séance, pour se rendre à l'instant chez S. E. le Ministre de l'intérieur, afin de lui donner connoissance des opérations de l'assemblée, du jour auquel elle s'est ajournée, et du vœu qu'elle a manifesté de pouvoir déposer au pied du trône les sentimens dont elle est animée pour la personne sacrée de sa Majesté impériale et royale.

Séance du 29 juillet.

MONSIEUR LE PRÉSIDENT ouvre la séance à midi précis. Il nomme commissaires pour maintenir l'ordre, MM. Rodrigues aîné, Lipmann, Cerf-Berr et Castro fils. Un des secrétaires donne lecture à l'assemblée d'une lettre adressée au président par S. E. le Ministre de l'intérieur, en date du 28 de ce mois, qui annonce que MM. Molé, Portalis fils et Pasquier, maîtres des requêtes, et commissaires de sa Majesté pour traiter des affaires qui nous concernent, se rendront aujourd'hui, à trois heures, à l'assemblée, pour lui faire connoître les intentions de sa Majesté l'Empereur et Roi. Le Ministre charge en même temps le président de prévenir l'assemblée qu'elle doit, préalablement à toute délibération, nommer une commission qui sera chargée de préparer le travail, et de diriger la discussion sur les diverses communications que MM. les commissaires sont chargés de lui faire.

Le président ouvre la discussion sur la formation de la commission.

Un député propose qu'elle soit composée de douze membres au choix du président.

Un autre observe qu'avant de nommer la commission, il conviendroit d'attendre que MM. les commissaires de sa Majesté eussent fait connoître à l'assemblée les questions sur lesquelles elle aura à délibérer, afin de former la commission en conséquence.

Un troisième pense que, d'après la lettre même de S. E. Mgr le Ministre de l'intérieur, on pourroit remettre cette opération après la connoissance des communications de MM. les commissaires de sa Majesté.

Un député dit que comme divers membres des départemens septentrionaux ne comprennent pas bien le français, il convient de nommer deux membres pour leur traduire verbalement et successivement chaque opinion qui sera émise, afin, dit-il, qu'ils puissent délibérer avec connoissance de cause. L'assemblée adopte cette proposition , et le président nomme MM. Lyon Marx et J. Benjamin pour faire cette traduction verbale.

Ces deux membres donnent connoissance à MM. les députés du nord qui ne comprennent pas suffisamment la langue française , des différentes opinions émises dans les débats actuels, ayant trait à la nomination de la commission.

Un membre observe que le bureau faisant naturellement partie de la commission, douze membres suffiront.

L'assemblée arrête, par assis et levé, que la commission sera de douze membres, non compris le bureau , et que la nomination en sera faite par le président, après que MM. les commissaires de sa Majesté nous auront donné connoissance des questions qu'ils transmettent à l'assemblée.

Une dépêche adressée à MM. Molé, Portalis fils et Pasquier , maîtres des requêtes , est remise au président, qui la dépose sur le bureau. Il fait ensuite donner lecture du procès-verbal de la séance du 26.

Un membre demande la parole, et dit que l'expression de nos sentimens d'amour, de respect, de dévouement pour la personne sacrée de S. M. l'Empereur et Roi, n'a pas été rendue avec l'enthousiasme qui animoit toute l'assemblée.

On fait observer à ce membre qu'il n'est pas facile de rendre l'expression d'un pareil enthousiasme.

Un autre observe qu'on a omis de consigner dans le procès-verbal le nombre des voix que M. le président, les secrétaires et les scrutateurs ont réunies pour leur nomination.

L'assemblée arrête que mention sera faite, dans ce procès-verbal, des observations de ces deux membres, et qu'on y consignera le nombre des voix que chacun a réunies. En conséquence des notes tenues dans la séance du 26 de ce mois, sous la présidence de M. Salomon Lipmann, doyen d'âge, et de MM. Moses Levy et Castro fils, secrétaires, comme les plus jeunes, il résulte que sur quatre-vingt-quatorze votans, M. Furtado a réuni soixante-deux voix pour la présidence, et M. Berr Isaac Berr trente-deux; que la nomination des secrétaires ayant été faite à la pluralité relative, M. J. S. Avigdor a obtenu quarante-quatre voix, et M. J. Rodrigues fils quarante-trois; que MM. Olry Hayem Worms, Théodore

Cerf-Berr et Emilie Vitta ont réuni, pour être scrutateurs, le premier soixante - dix voix, le second soixante-trois, et le troisième vingt-neuf.

M. le président nomme ensuite une députation de quinze membres; savoir : MM. Berr Isaac Ber, Lipmann Cerf-Berr, Saül Cremieux, Patto jeune, Castro fils, Cadet Carcassonne, Constantini David Zinsheimer, Mayer Samuel Rodrigues aîné, Moses Levy, May cadet, Jacob Lazare, Levy Baruch Cerf-Berr, pour aller recevoir MM. les commissaires de sa Majesté.

Le président a ensuite suspendu la séance jusqu'à l'arrivée de MM. les commissaires.

A trois heures on vient annoncer que MM. les commissaires de S. M. l'Empereur vont se rendre à l'assemblée par une autre porte, faisant face à celle de l'entrée ordinaire des députés. Aussitôt les quinze membres de la députation, le président et les membres du bureau à la tête, vont au-devant d'eux. MM. les commissaires de sa Majesté sont introduits dans la salle, aux cris répétés de *vive l'Empereur, vive la famille impériale*. A ce mouvement spontané succède un profond silence. L'assemblée reste debout pour entendre la lecture des intentions de sa Majesté impériale et royale. M. Molé, maître des requêtes, l'un des trois commissaires de sa Majesté, ouvre la dépêche à eux adressée, déposée sur le bureau, retire les pièces y contenues, et prononce le discours suivant pour faire connoître à l'assemblée les intentions de sa Majesté :

MESSIEURS,

« Sa Majesté l'Empereur et Roi, après nous avoir nommés ses commissaires pour traiter des affaires qui vous concernent, nous envoie aujourd'hui pour vous faire connoître ses intentions. Appelés des extrémités de ce vaste Empire, aucun de vous cependant n'ignore l'objet pour lequel sa Majesté a voulu vous réunir. Vous le savez, la conduite de plusieurs de ceux de votre religion a excité des plaintes qui sont parvenues au pied du trône. Ces plaintes étaient fondées ; et pourtant l'Empereur s'est contenté de suspendre le progrès du mal, et il a voulu vous entendre sur les moyens de le guérir. Vous mériterez sans doute des ménagemens si paternels, et vous sentirez quelle haute mission vous est confiée. Loin de considérer le Gouvernement sous lequel vous vivez comme une puissance de laquelle vous ayez à vous défendre, vous ne songerez qu'à l'éclairer, à coopérer avec lui au bien qu'il prépare ; et ainsi en montrant que vous avez su profiter de l'expérience de tous les Français, vous prouverez que vous ne vous isolez pas des autres hommes.

» Les lois qui ont été imposées aux individus de votre religion, ont varié par toute la terre : l'intérêt du moment les a souvent dictées. Mais, de même que cette assemblée n'a point d'exemple dans les fastes du christianisme, de même, pour la première fois, vous allez être jugés avec justice, et vous allez voir, par un prince chrétien, votre sort fixé. Sa Majesté veut que vous soyez Français ; c'est à vous d'accepter un pareil titre, et de songer que ce scroit y renoncer que de ne pas vous en rendre dignes.

» On va vous lire les questions qui vous sont adressées : votre devoir est de faire connoître sur chacune d'elles la vérité toute entière. Nous vous le disons aujourd'hui, et nous vous le répéterons sans cesse : lorsqu'un monarque aussi ferme que juste, qui sait également tout connoître, tout récompenser et tout punir, interroge ses sujets, ceux-ci, en ne répondant pas avec franchise, se rendroient aussi coupables qu'ils se montreroient aveuglés sur leurs véritables intérêts.

» Sa Majesté a voulu, Messieurs, que vous jouissiez de la plus grande liberté dans vos délibérations. A mesure que vos réponses seront rédigées, votre président nous les fera connoître. Quant à nous, notre vœu le plus ardent est de pouvoir apprendre à l'Empereur qu'il ne compte parmi ses sujets de la religion juive que des sujets fidèles et décidés à se conformer en tout aux lois et à la morale que doivent suivre et pratiquer tous les Français. »

L'un des secrétaires donne ensuite lecture des questions proposées par MM. les commissaires. Elles sont au nombre de douze; savoir :

Questions adressées à l'assemblée des Juifs par S. M. l'Empereur et Roi, pour traiter des affaires qui les concernent.

1.º Est-il licite aux Juifs d'épouser plusieurs femmes?

2.º Le divorce est-il permis par la religion juive?

Le divorce est-il valable sans qu'il soit

prononcé par les tribunaux et en vertu de lois contradictoires à celles du Code français?

2.º Une Juive peut-elle se marier avec un Chrétien, et une Chrétienne avec un Juif? ou la loi veut-elle que les Juifs ne se marient qu'entre eux?

4.º Aux yeux des Juifs, les Français sont-ils leurs frères, ou sont-ils étrangers?

5.º Dans l'un et dans l'autre cas, quels sont les rapports que leur loi leur prescrit avec les Français qui ne sont pas de leur religion?

6.º Les Juifs nés en France et traités par la loi comme citoyens français regardent-ils la France comme leur patrie? ont-ils l'obligation de la défendre? sont-ils obligés d'obéir aux lois et de suivre les dispositions du Code civil?

7.º Qui nomme les rabbins?

8.º Quelle juridiction de police exercent les rabbins parmi les Juifs? Quelle police judiciaire exercent-ils parmi eux?

9.º Ces formes d'élection, cette juridiction de police judiciaire sont-elles voulues par leurs lois, ou seulement consacrées par l'usage?

10.º Est-il des professions que la loi des Juifs leur défende?

11.° La loi des Juifs leur défend - elle de faire l'usure à leurs frères ?

12.° Leur défend - elle ou leur permet-elle de faire l'usure aux étrangers?

Pendant la lecture des questions, l'assemblée a manifesté par un mouvement una-nime combien elle étoit sensible aux doutes que les questions semblent supposer sur l'attachement des Français professant la re-ligion de Moïse pour leurs concitoyens, pour leur patrie, et sur le devoir où ils sont de la défendre. L'assemblée n'a pu sur-tout con-tenir le mouvement qu'a excité en elle la sixième question, dans laquelle on demande si les Juifs nés en France et traités par la loi comme citoyens français regardent la France comme leur patrie, et s'ils ont l'obligation de la défendre. L'assemblée s'est écriée de toutes parts : *jusqu'à la mort !*

La lecture des questions étant terminée, le président adresse aux commissaires de S. M. l'Empereur et Roi le discours suivant :

MESSIEURS LES COMMISSAIRES,

« Nous venons d'entendre, avec toute l'at-tention dont nous sommes capables, la communication que vous venez de nous donner des intentions de S. M. l'Empereur.

» Organe des sentimens qui animent cette assemblée, je dois vous dire, au nom de tous ceux qui la composent, que lorsque sa Majesté a pris la résolution de nous appeler dans sa capitale pour concourir à l'accomplissement de ses généreux desseins, nous avons vu avec une joie inexprimable cette occasion, comme un moyen de dissiper plus d'une erreur et de faire cesser bien des préventions.

» Les intentions bienfaisantes de sa Majesté étoient depuis long-temps l'objet des vœux les plus ardens de tous les hommes honnêtes et sensés qui professent en France la religion juive.

» Cependant nous n'avions entrevu que dans un avenir éloigné le moment où des habitudes contractées par l'effet d'une longue oppression seroient effacées. Maintenant cet avenir se rapproche de nous ; et ce précieux avantage, nous le devrons à la bonté paternelle de sa Majesté. Nous ne pouvions être un instant l'objet de ses hautes pensées sans que notre sort s'améliorât.

» Nous partagions avec tous les Français les sentimens qu'inspire le génie tutélaire qui a su arracher cet Empire aux déchiremens des partis, aux convulsions d'une sanglante anarchie, et aux desseins ambitieux de ses ennemis extérieurs.

» Nous ne présumions pas qu'après tant de bienfaits il lui fût possible d'acquérir de nouveaux droits à notre reconnoissance, à notre amour pour sa personne sacrée. Toujours les temps d'ignorance et d'anarchie avoient été pour nous des temps d'épreuve et de malheur. Sa Majesté nous avoit garantis du retour de l'une, et avoit enchaîné l'autre d'une main puissante. Rassurés par ses lois, par l'établissement de sa dynastie, par le retour des idées d'ordre, contre toute rétrogradation de l'esprit social en France, nous ne nous flattions de recueillir qu'à trait de temps le fruit de tant de bienfaits. La régénération lente, mais certaine, de quelques-uns de nos frères, en eût été le résultat. Sa Majesté veut hâter ce précieux moment ; et des avantages sociaux que des siècles n'avoient pu nous assurer, sa bonté protectrice veut que nous en jouissions sous son règne.

» Voilà comment le plus grand des héros devient le père commun de ses sujets. Quelque religion qu'ils professent, il ne voit dans tous que les membres d'une même famille.

» L'entreprise que sa Majesté forme aujour-
d'hui, est telle qu'on devoit l'attendre de
l'homme le plus étonnant que nous offre
l'histoire. Il nous semble voir celle-ci tenant
son burin immortel, et traçant sur ses tables
d'airain, au milieu de tant d'événemens qui
signalent ce règne, ce qu'aura fait le Héros
du siècle pour que le mur de séparation
élevé entre les nations et les restes épars de
l'un des plus anciens peuples du monde dis-
paroisse à jamais.

» Tel est, Messieurs les commissaires, l'aspect sous lequel nous nous plaisons à considérer la communication que vous venez de nous
donner : elle nous confirme dans l'idée qu'il
n'est pas de bien à faire qui échappe à la pré-
voyance de sa Majesté, et que cette pré-
voyance est égale à la bonté, à la générosité
de son cœur.

» Le choix qu'elle a daigné faire de vous,
Messieurs les commissaires, pour nous transmettre ses dispositions, ajoute encore un nouveau prix au bienfait qu'elle nous prépare. La
confiance la plus entière présidera à toutes
nos communications.

» Cette confiance sera d'avance l'excuse de
nos erreurs et l'éloge de nos intentions.

»Daignez, Messieurs les commissaires, être

les interprètes de nos sentimens auprès de sa Majesté, et l'assurer qu'elle n'a pas de sujets plus fidèles et plus dévoués à sa personne sacrée. »

Le discours du président terminé, il a été suivi des acclamations réitérées de *vive l'Empereur*.

Les commissaires de sa Majesté ont demandé acte de la remise des questions qu'ils déposoient sur le bureau.

Le président en a donné acte.

Plusieurs membres manifestent le désir d'être entendus par eux ; mais ils se retirent de l'assemblée aux cris de *vive l'Empereur*. Ils sont reconduits par la députation qui les avoit introduits.

On procède ensuite à la formation de la commission chargée de préparer et de diriger la discussion sur les communications que MM. les commissaires de sa Majesté viennent de faire à l'assemblée. M. le président nomme pour en être membres, MM. Berr Isaac-Berr ; Segré, rabbin ; David Zinsheimer, rabbin ; Abraham Andrade, rabbin ; Jacob Lazare ; Jacob Goudchaux Berr ; Moses Levy ; Rodrigues, banquier ; Samuel-Jacob Ghidiglia ; Michel Berr ; Baruch Cerf-Berr et Lyon Marx.

Avant la levée de la séance, M. le président dit qu'il n'a pas besoin de faire observer à l'assemblée qu'aucune réponse ne sera envoyée à MM. les commissaires de sa Majesté, sans que préalablement l'assemblée l'ait discutée et en ait délibéré.

M. le président lève la séance à quatre heures, et annonce aux divers députés que des lettres de convocation leur feront connoître le jour et l'heure où l'assemblée se réunira de nouveau.

____

Séance du 4 août 1806.

Le président ouvre la séance à midi : l'un des secrétaires donne lecture du procès-verbal de la séance du 29 juillet dernier ; il est adopté sans réclamation.

Le président nomme commissaires pour maintenir l'ordre dans la salle, MM. May de Paris, Samuel Wittersheim, Gumpel Levy.

Le président donne lecture de la lettre de M.gr le Ministre de l'intérieur, qui l'informe que S. M. l'Empereur et Roi veut bien consentir à recevoir en corps l'assemblée, lorsque ses travaux seront assez avancés pour donner quelques résultats. La lecture de cette lettre est suivie des acclamations de *vive l'Empereur, vive la famille impériale.*

Le président prévient l'assemblée qu'un secrétaire va lui donner lecture des réponses que la commission chargée de préparer et de diriger la discussion sur les questions adressées à l'assemblée par les commissaires de sa Majesté, croit convenable de faire sur les trois premières questions. Il invite l'assemblée à conserver le plus grand calme dans cette discussion, et engage les membres qui auront à parler, à se faire inscrire au bureau.

L'un des secrétaires donne lecture de la réponse préparée par la commission à la première question. M. Lyon Marx, l'un des interprètes de l'assemblée et membre de la commission, donne lecture de la traduction littérale qu'il en a faite en langue allemande; la discussion s'ouvre sur cette première question.

Un membre monte à la tribune, et dit que quoique la réponse proposée soit dans le sens de la loi, la rédaction n'en est pas assez claire. Le président lui demande s'il en a une autre à y substituer; il répond par la négative.

Un autre membre s'étonne que le préopinant n'indique pas dans quelle partie il trouve
la rédaction défectueuse. Un troisième observe que le mot *licite* ayant plus particulièrement trait à la religion, c'est dans ce seul
sens que la réponse doit être faite.

Personne, dit un autre, n'ayant parlé contre
le fond de la réponse présentée par la commission, on doit mettre aux voix la rédaction.
Cette proposition appuyée est mise aux voix;
et la réponse à la première question est
adoptée à la presque unanimité, sans aucun
changement de rédaction.

Le président fait donner lecture de la réponse à la seconde question. M. Lyon Marx
donne également lecture de la traduction qu'il
en a faite en langue allemande. Personne ne
demandant la parole sur cette réponse, le
président la met aux voix, et elle est adoptée
à l'unanimité.

Le secrétaire donne lecture de la réponse
sur la troisième question. M. Lyon Marx lit
en langue allemande la traduction littérale
qu'il en a faite. Un rabbin propose que toutes
les fois qu'il sera question de principes purement théologiques, on ait à consulter plus
particulièrement ses confrères. N'est-il pas
vrai, dit-il, que s'il s'agissoit de décider des

points astronomiques , on s'adresseroit uniquement à des astronomes? Pourquoi donc
ne laisseroit-on pas aux théologiens tout ce
qui a trait à la religion? Il pense que sur ces
sortes de questions on ne devroit pas délibérer d'après le nombre de voix.

Le président lui fait observer que le principe de la majorité est invariable dans les
assemblées délibérantes, et qu'il est impossible de s'en écarter.

L'un des secrétaires donne lecture de l'opinion des rabbins membres de l'assemblée sur
cette troisième question.

Un membre dit que le Gouvernement, en
formant cette assemblée , n'y a pas appelé
seulement des rabbins, mais des propriétaires
et autres personnes distinguées par leur pro-
bité et leurs lumières ; qu'au reste les deux
réponses sont à peu près dans les mêmes
principes, puisque dans l'une et dans l'autre
on convient également que les Chrétiens sont
nos frères. Il pense qu'il faut fondre les deux
rédactions en une seule. Un rabbin ne croit
pas la réponse à la question, fixée dans tous
ses rapports ; il pense qu'il y a des observations à faire relativement aux suites que
ces sortes de mariages peuvent entraîner.

Un membre dit qu'il faut effectivement ne

pas laisser ignorer au Gouvernement tous les obstacles qui contrarient ces unions.

Un autre croit que tous les membres qui composent l'assemblée , sont assez éclairés sur les points de la religion, pour donner leur opinion d'après leur conscience. Il trouve exacte la réponse de la commission , et il demande qu'on la soumette à la délibération de l'assemblée, en suivant le même mode que pour les précédentes délibérations.

Un membre déclare que, dans des questions de cette importance, on doit plus particulièrement consulter les rabbins pour être bien éclairé sur les principes.

Un autre observe que les rabbins , en émettant leur opinion comme les autres membres, doivent se contenter de l'influence que cette qualité leur donne , et n'en pas exiger une plus forte.

Un rabbin exhorte ses confrères à discuter avec modération et docilité, ainsi que doivent le faire de vrais disciples de Moïse ; il déclare qu'il veut aussi défendre la religion, mais qu'il croit également de son devoir de ne pas dissimuler les additions qui la dégradent , et qu'il attribue, avec le célèbre Mendelssohn, au souffle envenimé de la superstition, qui s'y montre souvent à découvert.

Un membre dit : Nous entendons avec plaisir MM. les rabbins ; mais il ne faut pas que leur opinion ait plus d'autorité que celle des autres membres.

Un autre ajoute qu'une commission ayant été nommée pour rédiger les réponses, et cette commission les soumettant à l'assemblée, chaque membre reste libre d'émettre son opinion ; que par conséquent, lorsqu'il s'agit de délibérer, aucune voix ne doit avoir plus de poids qu'une autre.

Un rabbin dit que lorsque lui ou ses confrères émettront une opinion, ils produiront les preuves à l'appui ; qu'ainsi l'assemblée ne doit admettre les opinions contraires qu'autant qu'elles détruiroient les leurs par le raisonnement.

Divers membres répondent dans le sens de la commission, en admettant le principe avancé par le préopinant.

Un rabbin dit que le mariage est un acte religieux ; que les personnes qui le contractent, doivent donc professer la même religion.

Un membre ne reconnoît point cette nécessité dans aucune loi. A la vérité, dit-il, la différence de religion rend ces liaisons moins faciles ; mais pour cela elles ne peuvent être considérées comme prohibées. Il suffira d'indiquer ces obstacles dans la réponse.

Un autre observe que, puisqu'il n'existe dans les lois aucune défense positive à ce sujet, ces sortes de mariages doivent être permis.

Un député dit que le premier précepte de la loi est, *croissez et multipliez;* qu'il ne trouve dans les livres sacrés aucune cérémonie religieuse concernant le mariage; qu'à la vérité le Talmud en prescrit, mais seulement pour égayer la fête et la rendre plus intéressante aux époux, aux parens et aux amis. Il demande que la réponse de la commission soit mise aux voix.

Un rabbin pense que le mariage avec des Chrétiens est défendu : il prie l'assemblée d'observer que lorsque Moïse a prononcé la défense à l'égard des nations proscrites, il l'a motivée sur la présomption et la crainte que la séduction des femmes ne détournât les hommes de la loi de Dieu, au nom duquel il parloit; que par conséquent, la même probabilité de séduction existant toujours relativement à toutes les autres nations, la défense de pareilles liaisons existoit aussi.

Un membre parle dans le sens du préopinant : il engage l'assemblée à ne pas presser la discussion, afin de laisser à tous les députés le temps de réfléchir ; il propose d'ajourner la délibération au lendemain.

Un autre commence par lire les quatre premiers versets du chapitre VII du Deutéronome ; puis il dit : Pourrons-nous appliquer aux Français, aux Chrétiens, la défense que ces versets renferment ? Sommes-nous chargés de les détruire, de ne leur faire aucun quartier ? adorent-ils un autre Dieu que nous ? ne sont-ils pas nos bienfaiteurs ? Certes, si Dieu pouvoit nous envoyer un second Moïse, loin de tracer une ligne de démarcation, il nous diroit : Aimez les Chrétiens, chérissez-les comme vos frères, unissez-vous à eux, envisagez-vous comme les enfans d'une même famille. Vous reconnoissez tous qu'ils ne sont point idolâtres ; qu'ils adorent, comme vous, le Créateur du ciel et de la terre ; qu'ils sont vos frères et vos bienfaiteurs : que faut-il de plus pour rendre licites des unions entre Juifs et Chrétiens ? Direz-vous que les rabbins actuels ne les considèrent pas ainsi ? Mais la rédaction de la commission renferme cette déclaration. On a cherché à s'appesantir sur les inconvéniens domestiques que ces mariages peuvent entraîner ; mais a-t-on dit un mot des grands avantages politiques qu'ils présentent ? S'il falloit mettre en balance les uns et les autres, pourroit-on douter de la supériorité des derniers ? Non : il faut donc s'en tenir à la réponse de la commission, qui renferme la vérité toute entière.

Cette opinion est fortement appuyée par plusieurs membres.

Un rabbin répond qu'on doit dire la vérité sans en calculer les conséquences ; il déclare que son opinion est que le mariage avec les Chrétiens ne peut pas être permis.

Un membre dit qu'il sera difficile de délibérer sans qu'on divise la question ; il demande que le président fasse prononcer sur la première partie.

Divers autres demandent la priorité pour la réponse de MM. les rabbins, d'autres pour celle de la commission : il se fait du tumulte.

Un membre propose d'ajourner la discussion.

Un autre membre demande au contraire qu'on la ferme et qu'on aille aux voix.

Un autre, que nous ne devons pas désemparer, jusqu'à ce que la question soit résolue.

Un troisième propose de suspendre la séance, d'appeler MM. les rabbins au bureau, de fondre les deux réponses en une, dont la rédaction puisse concilier les principes émis dans les deux opinions.

Cette proposition est adoptée ; le président suspend la séance , et s'occupe ensuite de la nouvelle rédaction , conjointement avec MM. les rabbins et les membres de la commission.

Trois quarts d'heure après, le président annonce la continuation de la séance. Il donne lecture de la nouvelle rédaction de la réponse à la troisième question. M. Lyon Marx la traduit verbalement en langue allemande. On demande de toutes parts la clôture de la discussion. Le président met aux voix cette nouvelle réponse ; elle est adoptée à la presque unanimité. Le président fait donner lecture d'une déclaration qu'il croit devoir précéder les réponses aux questions ; l'assemblée l'approuve par acclamation et aux cris répétés de *vive l'Empereur*. Cette déclaration a été traduite en allemand par M. Lyon Marx.

L'assemblée arrête en outre, que le procès-verbal de ce jour contiendra, et la déclaration, et les réponses aux trois premières questions. En conséquence, ces quatre pièces seront annexées à la suite du présent procès-verbal pour en faire partie.

Le président propose ensuite de nommer une commission pour s'occuper des préparatifs d'une fête à célébrer dans les synagogues le 15 août prochain, en commémoration de l'anniversaire de S. M. l'Empereur et Roi, et du rétablissement des cultes, comme un des bienfaits les plus précieux de son règne.

L'assemblée adopte cette proposition à l'unanimité, et le président nomme commissaires pour préparer cette fête, MM. J. Rodrigues aîné, de la Gironde ; Gumpel Levy, de Nancy ; May cadet, de Paris ; Sabatou Constantini, de Marseille ; et Aaron Schmol, de Paris, qui devront s'entendre avec les administrateurs des synagogues.

Un membre rappelle à l'assemblée, que, dans la séance du 26 juillet, il a fait une proposition qui rentre dans le même objet, et dont la discussion a été remise à une autre séance ; il demande donc qu'on s'en occupe.

Le président charge la même commission de faire un rapport sur la proposition de ce membre, et de le présenter à la prochaine séance, qu'il indique pour jeudi 7 du courant. Il lève la séance à cinq heures et demie.

Suit la déclaration adoptée par l'assemblée, ainsi que les réponses aux trois premières questions.

DÉCLARATION.

Les députés français professant la religion de Moïse arrêtent que la déclaration suivante précédera les réponses qu'elle doit faire aux questions qui lui sont adressées par les commissaires de sa Majesté impériale et royale.

L'Assemblée, vivement pénétrée des sentimens de reconnoissance, d'amour, de respect et d'admiration pour la personne sacrée de sa Majesté impériale et royale, déclare, au nom des Français qui professent la religion de Moïse, que, pour se rendre dignes des bienfaits que sa Majesté leur prépare, ils sont dans l'intention de se conformer à ses volontés paternelles ; que leur religion leur ordonne de regarder comme loi suprême la loi du prince en matière civile et politique ; qu'ainsi, lors même que leur code religieux, ou les interprétations qu'on lui donne, renfermeroient des dispositions civiles ou politiques qui ne seroient pas en harmonie avec le Code français, ces dispositions cesseroient dès-lors de les régir, puisqu'ils doivent avant tout reconnoître la loi du prince et lui obéir ;

Que, par une suite de ce principe, dans tous les temps les Juifs se sont fait un devoir de se soumettre aux lois de l'État, et que depuis la révolution ils n'en ont point reconnu d'autre, ainsi que tous les Français.

PREMIÈRE QUESTION.

Est-il licite aux Juifs d'épouser plusieurs femmes ?

RÉPONSE.

Il n'est point licite aux Juifs d'épouser plusieurs femmes. Ils se conforment généralement dans tous les états de l'Europe à l'usage de n'épouser qu'une seule femme.

Moïse ne commande pas expressément d'en prendre plus d'une ; mais il ne le défend pas. Il semble même adopter implicitement cet usage comme établi, puisqu'il règle le partage des successions entre les enfans de plus d'une épouse. Quoique cet usage existe dans tout l'Orient, néanmoins leurs anciens docteurs leur prescrivent de ne prendre plus d'une femme qu'autant que leur fortune leur permettra de pourvoir à tous leurs besoins.

Il n'en fut pas de même en Occident ; le désir de se conformer aux usages des nations de cette partie de l'Europe parmi lesquelles ils s'étoient répandus, leur avoit fait renoncer à la polygamie. Mais comme quelques indi-

(32)

vidus se la permettoient encore, cette circonstance détermina, dans le onzième siècle, la convocation d'un synode à Worms, présidé par le rabbin Guerson et composé de cent rabbins. Cette assemblée prononça anathème contre tout Israélite qui se permettroit à l'avenir d'épouser plus d'une femme.

Quoique ce synode n'eût pas fait cette défense pour toujours, l'influence des mœurs européennes a prévalu par-tout.

SECONDE QUESTION.

Le divorce est-il permis par la religion juive ? Le divorce est-il valable sans qu'il soit prononcé par les tribunaux, et en vertu de lois contradictoires à celles du Code français ?

RÉPONSE.

La répudiation est permise par la loi de Moïse ; mais elle n'est point valable si elle n'est préalablement prononcée par les tribunaux en vertu du Code français.

Aux yeux de tous les Israélites, sans exception, la soumission à la loi du prince est le premier des devoirs. C'est un principe généralement reçu parmi eux, que, dans tout ce qui concerne les intérêts civils et politiques, la loi de l'État est la loi suprême. Avant qu'ils eussent été admis en France à la jouissance des droits des autres citoyens, et lorsqu'ils vivoient sous une législation particulière qui leur permettoit de se régir selon leurs usages religieux, ils avoient la faculté de répudier; mais il étoit extrêmement rare qu'ils en usassent.

Depuis la révolution ils n'ont reconnu à cet égard que les lois françaises : lors de leur admission aux droits des citoyens, les rabbins, et les principaux Juifs dans toute la France, se présentèrent devant les municipalités des lieux, et y prêtèrent le serment de se conformer en tout aux lois, et de n'en point reconnoître d'autres pour régler leurs intérêts civils.

Ils ne peuvent donc plus regarder comme valable la répudiation prononcée par leurs rabbins, puisque, pour avoir ce caractère, elle doit l'être auparavant par les tribunaux; car de même qu'en vertu d'un arrêté des Consuls les rabbins ne peuvent imposer la bénédiction nuptiale sans qu'il leur ait apparu de l'acte des conjoints devant l'officier civil, de même ils ne peuvent prononcer la répudiation qu'autant qu'il leur ait apparu du jugement qui la consacre. Quand même l'arrêté précité n'auroit pas statué à cet égard,

la répudiation rabbinique ne seroit pas valable : car, selon les rabbins qui ont écrit sur
le code civil des Juifs, tels que Joseph Carro
dans l'*Abeneser*, la répudiation n'est valable
qu'autant qu'il n'existe aucun empêchement
quelconque ; et comme, à l'égard des intérêts
civils, la loi de l'État seroit un empêchement,
puisque l'un des conjoints pourroit s'en prévaloir contre l'autre, il résulte nécessairement que, sous l'influence du Code civil, la
répudiation rabbinique n'est point valable.
Ainsi, depuis que les Juifs contractent devant l'officier civil, nul parmi ceux qui tiennent aux observances religieuses, ne peut
se séparer de sa femme que par un double
divorce, celui de la loi de l'État, et celui de
la loi de Moïse; et, sous ce rapport, on peut
assurer que la religion juive est parfaitement
en harmonie avec le Code civil.

TROISIÈME QUESTION.

Une Juive peut-elle se marier avec un
Chrétien, et une Chrétienne avec un Juif?
ou la loi veut-elle que les Juifs ne se marient
qu'entre eux?

RÉPONSE.

La loi ne dit point qu'une Juive ne puisse se
marier avec un Chrétien, ni une Chrétienne

avec un Juif; elle ne dit pas non plus que les Juifs ne puissent se marier qu'entre eux.

La loi ne prohibe nominativement les mariages qu'avec les sept nations cananéennes, avec Amon et Moab, et avec les Égyptiens. La défense à l'égard des sept nations est absolue. Celle avec Amon et Moab se borne, selon plusieurs talmudistes, aux hommes de ces deux nations, et non aux femmes; on croit même qu'il faut que celles-ci aient embrassé la religion juive. Quant aux Égyptiens, la défense est limitée à la troisième génération. La prohibition ne s'applique qu'aux peuples idolâtres. Le Talmud déclare formellement que les nations modernes ne le sont pas, puisque, comme nous, elles adorent le Dieu du ciel et de la terre. Aussi y a-t-il eu, à différentes époques, des mariages entre les Juifs et les Chrétiens en France, en Espagne et en Allemagne; ils furent successivement tolérés et défendus par les lois des princes dans les états desquels les Juifs ont été reçus.

Il en existe aujourd'hui quelques-uns en France : mais on ne doit point laisser ignorer que l'opinion des rabbins est contraire à ces sortes d'alliances. Selon leur doctrine, quoique la religion de Moïse n'a   point défendu aux Juifs de s'allier avec ceux qui ne sont pas de leur religion, néanmoins, comme le mariage, d'après le Talmud, exige, pour sa célébration, des cérémonies religieuses appelées *Kiduschim*, et la bénédiction usitée en pareil cas, nul mariage n'est valable religieusement qu'autant que ces cérémonies ont été remplies. Elles ne pourroient l'être à l'égard de deux personnes qui ne reconnoissent pas également ces cérémonies comme sacrées; et dans ce cas les époux pourroient se séparer sans qu'ils eussent besoin du divorce religieux : ils seroient regardés comme mariés civilement, mais non religieusement.

Telle est l'opinion des rabbins membres de l'assemblée. En général, ils ne seroient pas plus disposés à bénir le mariage d'une Chrétienne avec un Juif, ou d'une Juive avec un Chrétien, que les prêtres catholiques ne consentiroient à bénir de pareilles unions. Cependant les rabbins reconnoissent que le Juif qui se marie avec une Chrétienne ne cesse pas pour cela d'être Juif aux yeux de ses coreligionnaires, tout comme l'est celui qui épouse une Juive civilement et non religieusement.

Séance du 7 août 1806.

Le président ouvre la séance à midi et trois quarts ; un des secrétaires donne-lecture du procès-verbal de la séance du 4 de ce mois.

Le président demande si quelqu'un a des réclamations à faire sur le procès-verbal.

Personne ne demandant la parole, le président le met aux voix, et l'assemblée l'adopte à l'unanimité.

Le président nomme commissaires pour maintenir l'ordre dans la salle, MM. Auguste Ratisbonne, Cadet Carcassonne, et Schwab le jeune.

M. Moïse Levy, de Nancy, est invité par le président à faire le rapport de la commission sur les projets des réponses à faire aux quatrième, cinquième, sixième, septième et huitième questions.

Il monte à la tribune, et soumet à l'assemblée le projet de réponse à la quatrième question.

M. Lyon Marx fait lecture de la traduction en langue allemande ; M. Avigdor traduit aussi verbalement ce projet de réponse en langue italienne.

Un membre trouve que cette réponse est beaucoup trop longue, qu'elle contient des objets étrangers à la question. Il demande qu'elle soit renvoyée à la commission pour en faire une nouvelle rédaction.

Un autre dit qu'indépendamment de la trop grande étendue donnée à cette réponse, la seconde partie établit une différence entre les Juifs portugais et les Juifs allemands ; ce qui doit être supprimé. Il conclut, comme le préopinant, pour le renvoi à la même commission.

Un membre se plaint de ce qu'on parle d'une manière particulière des Juifs des départemens du nord. Il déclare que dans le département qu'il habite, quoique du nord, les Juifs sont aussi estimés et considérés que peuvent l'être ceux du midi ; il demande donc la suppression de toutes ces désignations, et il approuve la réponse, à cela près.

Un autre député propose de renvoyer l'examen des détails contenus dans la réponse à une autre commission qui sera chargée d'en supprimer tout ce qui n'a pas directement trait à la question.

Un autre membre monte à la tribune. Il expose les principes d'après lesquels il pense que la question doit être répondue, et donne lecture à l'assemblée d'un autre projet de réponse.

Un député observe que toutes les réclamations des divers orateurs ne portent que sur la seconde partie de la réponse. Il propose de la supprimer, et de se borner à la première partie, qui seule, dit-il, remplit parfaitement le but.

Cette proposition est appuyée par quelques membres. Le président observe que la commission, en établissant une différence entre l'état des Juifs du nord et ceux du midi, a eu pour but de faire remarquer que ceux-ci n'ont fait plus de progrès dans la civilisation que parce qu'ils ont été beaucoup moins malheureux que les autres, mais qu'on pouvoit se renfermer dans la première partie de la réponse, ainsi que venoit de le dire le préopinant.

Le président donne, à cet effet, une nouvelle lecture de cette première partie de la réponse de la commission. Il invite ensuite M. Lyon Marx de prévenir en allemand tous ceux qui ne comprennent pas bien la langue française qu'il va mettre aux voix la réponse à la quatrième question, laquelle réponse ne contiendra que la partie dont il vient de donner lecture.

Un membre demande la parole, et dit que, dans la circulaire du 23 juillet adressée par S. E. le Ministre de l'intérieur à tous les députés, il est question de trois scrutateurs, qui en effet ont été nommés. Il s'étonne de ce qu'on ne délibère pas par scrutin ; et il demande que, dans les discussions actuelles, les délibérations soient prises uniquement au scrutin.

Le président lui fait observer qu'on n'a recours à ce mode, qui entraîne des longueurs, que lorsque la délibération par assis et levé laisse quelques doutes ; mais qu'il n'est point nécessaire de s'en servir lorsque la majorité est prononcée.

Le même orateur réplique en observant qu'on doit faire une différence entre les délibérations principales et celles qui ne sont qu'accessoires ; qu'il convient que pour ces dernières on puisse délibérer par assis et levé ; mais que les douze questions étant de la plus grande importance, on doit délibérer au scrutin.

On demande l'ordre du jour.

Le président met aux voix, par assis et levé, la dernière rédaction de la réponse à faire à la quatrième question ; elle est adoptée à l'unanimité.

Un des secrétaires donne lecture de la réponse de la commission sur la cinquième question.

M. Lyon Marx en fait lecture en allemand, et M. Avigdor la traduit en langue italienne.

Un membre demande le changement d'une expression ; on y en substitue une autre. Après cette correction, le président met aux voix la réponse, qui est adoptée à l'unanimité.

Le même secrétaire fait lecture de la réponse sur la sixième question. MM. Lyon Marx et Avigdor la traduisent verbalement, celui-ci en italien, et l'autre en allemand. Personne ne demandant la parole, elle est mise aux voix et adoptée à l'unanimité.

Le président fait ensuite donner lecture de la réponse à la septième question. MM. Lyon Marx et Avigdor la traduisent également en langue allemande et en langue italienne.

Un membre observe que, dans les réponses qu'on a faites aux précédentes questions, on a indiqué, suivant le besoin, l'état des choses avant la révolution et depuis la révolution ; qu'on doit également dans celle-ci informer le Gouvernement de quelle manière on nommoit les rabbins avant la même époque, et comment on les nomme aujourd'hui.

Un membre dit qu'il faut faire une différence entre un rabbin en titre, qui est le
premier dans une société juive, et le simple
rabbin qui, quoique possédant les mêmes
connoissances, reste confondu avec les autres
Juifs ; que, sous ce dernier rapport, le rabbin
n'est pas plus qu'un particulier ; et que, sous
le précédent, le rabbin n'acquiert la considération que ce titre lui donne, que par les
suffrages de ceux qui le nomment par eux-
mêmes ou par les administrateurs des sociétés de bienfaisance.

Le bureau s'occupe d'une nouvelle rédaction, qu'on fait connoître aussi en allemand
et en italien.

Le président la met ensuite aux voix, et
elle est adoptée à la majorité.

Un des secrétaires donne lecture de la réponse de la commission sur la huitième
question.

M. Lyon Marx la traduit en allemand, et
M. Avigdor en italien.

Un membre observe que cette traduction
renferme des contradictions sur les attributions de MM. les rabbins : il demande qu'on
rectifie ces erreurs.

Un autre dit que cette réponse n'est pas
assez directe. Un des secrétaires retouche

plusieurs fois la rédaction; il en donne des lectures successives, qui sont également rejetées. On demande le renvoi à la commission.

Un député entretient l'assemblée d'un écrit qu'un étranger a répandu parmi les députés, et dont les gazettes ont donné des extraits. Il pense que l'assemblée doit désavouer les propositions que cet écrit renferme. D'une part on crie, *Appuyé;* de l'autre on demande l'ordre du jour. On s'écrie dans le tumulte que nous devons demeurer très-indifférens sur les écrits qui n'émanent pas de l'assemblée; d'autres manifestent des opinions contraires. Le président lève la séance à cinq heures, et annonce la prochaine assemblée pour mardi 12 du courant à neuf heures du matin.

Suit la teneur des réponses adoptées sur les quatrième, cinquième, sixième et septième questions adressées à l'assemblée par MM. les commissaires de sa Majesté impériale et royale.

QUATRIÈME QUESTION.

Aux yeux des Juifs, les Français sont-ils leurs frères, ou sont-ils des étrangers?

RÉPONSE.

Aux yeux des Juifs, les Français sont leurs frères, et ne sont point étrangers.

L'esprit des lois de Moïse est conformé à cette manière de considérer les Français.

Lorsque les Israélites formoient un corps de nation, leur religion leur prescrivoit de regarder les étrangers comme leurs frères.

C'est avec une touchante sollicitude que leur législateur leur ordonne de les aimer. « Souvenez-vous, leur dit-il, que vous avez été étrangers en Égypte. »

Les égards, la bienveillance envers les étrangers, sont recommandés par Moïse, non comme une exhortation à la pratique de la morale sociale; mais comme une obli-gation imposée par Dieu même. « En mois-sonnant vos champs, leur dit-il, n'y retour-nez pas pour prendre les poignées d'épis qu'on y auroit oubliées; laissez-les pour le pauvre, l'*étranger* et la veuve. Ne maltrai-tez point l'étranger; ne lui faites point de tort. Aimez-le, donnez-lui du pain, four-nissez-lui des vêtemens dans son besoin. Je suis l'Éternel, votre Dieu; l'Éternel aime l'étranger. » *

____

* *Deutéronome*, 22; *Lév.* 29; *Exode*, 22 et 23.

A ces sentimens de bienveillance pour l'étranger, Moïse ajoute l'amour général pour l'humanité : *Aime ton semblable comme toi-même.*

David s'exprime aussi en ces termes : « Le Seigneur notre Dieu est plein de bonté ; sa miséricorde *s'étend sur toutes ses œuvres.* » Cette doctrine est professée par le Talmud.

Ceux qui observent les Noachides, dit un talmudiste, quelles que soient d'ailleurs leurs opinions, nous sommes obligés de les aimer comme nos frères, de visiter leurs malades, d'enterrer leurs morts, d'assister leurs pauvres comme ceux d'Israël ; enfin, il n'y a point d'acte d'humanité dont un vrai Israélite puisse se dispenser envers l'observateur des Noachides. Qu'est-ce que ces préceptes ? De s'éloigner de l'idolâtrie, de ne point blasphémer, de s'abstenir de tout adultère, de ne tuer ni blesser son prochain, de ne voler ni tromper, de ne manger de la chair des animaux qu'après les avoir tués, enfin de maintenir la justice. Ainsi tous nos principes nous font un devoir d'aimer les Français comme nos frères.

Un païen ayant consulté le rabbin Hillel sur la religion juive, et voulant savoir en peu de mots en quoi elle consistoit, Hillel lui répondit : « Ne fais pas à ton semblable ce que tu ne voudrois pas qu'on te fît : voilà, dit-il, la religion ; tout le reste n'en est que la conséquence. »

Une religion qui a de pareilles bases, une religion qui ordonne d'aimer l'étranger, qui prêche la pratique des vertus sociales, exige à plus forte raison que ses sectateurs regardent leurs concitoyens comme leurs frères.

Eh ! comment pourroient-ils les regarder autrement, lorsqu'ils vivent sur le même sol, qu'ils sont régis et protégés par le même Gouvernement et par les mêmes lois, qu'ils jouissent des mêmes droits et remplissent les mêmes devoirs ? Il y a même entre le Juif et le Chrétien un lien de plus qui compense amplement la différence de religion : c'est le lien de la reconnoissance. Ce sentiment, qu'une simple tolérance nous avoit inspiré, a reçu, par les nouveaux bienfaits du Gouvernement depuis dix-huit ans, un degré d'énergie qui associe en tout notre destinée à la destinée commune des Français. Oui, la France est notre patrie, les Français sont nos frères ; et ce titre glorieux, en nous honorant à nos propres yeux, est un sûr garant que nous ne cesserons jamais de le mériter.

CINQUIÈME QUESTION.

Dans l'un et dans l'autre cas, quels sont les rapports que leur loi leur prescrit avec les Français qui ne sont pas de leur religion ?

RÉPONSE.

Ces rapports sont les mêmes que ceux qui existent entre un Juif et un autre Juif. Nous n'admettons d'autre différence que celle d'adorer l'Être suprême chacun à sa manière.

On a vu par la réponse à la question précédente, quels sont les rapports que la loi de Moïse, le Talmud et l'usage nous prescrivent avec les Français qui ne sont pas de notre religion. Aujourd'hui que les Juifs ne forment plus une nation, et qu'ils ont l'avantage d'être incorporés dans la grande nation, ce qu'ils regardent comme une rédemption politique, il n'est pas possible qu'un Juif traite un Français qui n'est pas de sa religion, autrement qu'il ne traite un de ses coreligionnaires.

SIXIÈME QUESTION.

Les Juifs nés en France et traités par la loi comme citoyens français, regardent-ils la France comme leur patrie ? ont-ils l'obligation de la défendre ? sont-ils obligés

d'obéir aux lois et de suivre toutes les dispositions du Code civil ?

RÉPONSE.

Des hommes qui ont adopté une patrie,
qui y résident depuis plusieurs générations,
qui, sous l'empire même des lois particulières qui restreignoient leurs droits civils,
lui étoient assez attachés pour préférer au
malheur de la quitter, celui de ne point
participer à tous les avantages des autres
citoyens, ne peuvent se regarder en France
que comme Français ; et l'obligation de la défendre est à leurs yeux un devoir également
honorable et précieux.

Jérémie, ch. XXIX, recommande aux Juifs
de regarder Babylone comme leur patrie,
quoiqu'ils ne dussent y rester que soixante-
dix ans. Il les exhorte à défricher des champs,
à bâtir des maisons, à semer et à planter.
Sa recommandation fut tellement suivie,
qu'Esdras, chap. II, dit que lorsque Cyrus
leur permit de retourner à Jérusalem pour
rebâtir le second temple, il n'en sortit de
Babylone que quarante-deux mille trois cent
soixante ; que ce nombre n'étoit composé que
de prolétaires, et que tous les riches restèrent
à Babylone.

L'amour de la patrie est parmi les Juifs un sentiment si naturel, si vif, et tellement conforme à leur croyance religieuse, qu'un Juif français en Angleterre se regarde, même au milieu des autres Juifs, comme étranger, et qu'il en est de même des Juifs anglais en France.

Ce sentiment est à ce point que l'on a vu des Juifs français, dans la dernière guerre, se battre à outrance contre des Juifs des pays avec lesquels la France étoit en guerre.

Il y en a plusieurs qui sont couverts d'honorables cicatrices, et d'autres qui ont obtenu sur le champ d'honneur des témoignages éclatans de leur bravoure.

SEPTIÈME QUESTION.

Qui nomme les rabbins?

RÉPONSE.

Depuis la révolution, dans les lieux où il y a assez de Juifs pour pourvoir à l'entretien d'un rabbin, il est nommé par les chefs de famille à la pluralité des suffrages, après que l'on a pris des informations sur sa moralité et sur sa capacité. Cependant ce mode n'est pas uniforme, il varie selon les localités; et aujourd'hui tout ce qui a rapport à l'élection des rabbins est dans l'incertitude.

Séance du 12 août 1806.

LE président ouvre la séance à onze heures précises. Il nomme commissaires pour maintenir l'ordre dans la salle, MM. Baruch Cerf-Berr, Patto jeune, et Michel Berr.

Un des secrétaires donne lecture du procès-verbal de la séance du 7 de ce mois.

Un membre dit qu'il étoit inutile de relater les remarques faites au sujet de la différence que le premier projet de réponse à la quatrième question établissoit entre les Juifs portugais et les Juifs allemands. Il ajoute qu'il étoit également superflu de consigner la déclaration faite à cet égard par un membre du département du Nord.

Le président lui fait observer que le procès-verbal doit faire mention de tout ce qui se dit dans l'assemblée.

Un membre demande l'ordre du jour.

Un autre appuie la proposition faite par le premier opinant.

On s'écrie : Aux voix le procès-verbal !

Le président le met aux voix, et il est adopté à la majorité des suffrages.

Un des secrétaires donne lecture du projet

de réponse à la huitième question. M. Avigdor la traduit en italien, et M. Lyon Marx
en allemand.

Un membre demande la parole, et observe que si dans le nord la plupart des
mariages sont bénis par les rabbins, il n'en
est pas ainsi dans divers pays du midi, où
il n'y a guère de rabbins ; et que là même
où il y en a, un père, ou un des plus anciens de la famille, aime souvent à célébrer
les cérémonies du mariage.

On a délibéré que le procès-verbal fera
mention de cette remarque.

Un membre observe qu'il faut ajouter les
mots de *royaume d'Italie* à ceux d'*Empire
français*, les usages, dit-il, étant les mêmes à
cet égard.

Le président fait ajouter ces mots ; et après
une nouvelle lecture, le projet de réponse
est mis aux voix, et adopté à la presque unanimité.

Un secrétaire donne lecture du projet de
réponse à la neuvième question.

M. Lyon Marx en donne lecture en langue
allemande, et M. Avigdor en langue italienne.

Un membre demande des explications sur
une phrase.

Le président les lui donne.

Il met ensuite le projet de réponse aux voix.

Il est adopté à la presque unanimité.

Le président fait donner lecture du projet de réponse à la dixième question.

M. Lyon Marx la traduit en allemand, et M. Avigdor en Italien.

Personne ne demandant la parole, le président la met aux voix, et elle est adoptée à l'unanimité.

L'un des secrétaires fait lecture du projet de réponse à la onzième question.

M. Lyon Marx en donne connoissance en allemand, et M. Avigdor en italien.

Un membre demande la parole, et dit que cette réponse faisant connoître le véritable sens du texte du chapitre xxiii du Deutéronome, on doit la recommander aux rabbins chargés de prêcher la morale, afin, dit-il, que ceux qui ignoreroient leurs devoirs dans les rapports d'intérêt qu'ils peuvent avoir avec les autres Français, s'en pénètrent assez pour être en garde contre les tentations de la cupidité.

On appuie la proposition.

Un membre observe que MM. les rabbins , en prêchant la morale , n'oublieront pas assurément cette exhortation essentielle.

Un membre monte à la tribune, et manifeste sa surprise de ce qu'en parlant de la loi écrite, on dise toujours *la loi de Moïse*. Notre législateur, dit-il, est Dieu : on doit donc dire *la loi de Dieu*, et non *la loi de Moïse*. Il veut qu'on substitue la première de ces expressions à la dernière.

Un autre membre le remplace à la tribune. Il commence par rendre justice au zèle scrupuleux du préopinant ; mais il ne pense pas qu'on doive adopter le changement qu'il propose. Je puis, dit-il, assurer, sans craindre de faire tort au préopinant, que mes parens étoient aussi orthodoxes qu'il peut l'être. Je me rappelle pourtant leur avoir toujours entendu dire , parlant de la loi écrite : *Torat Mossé ;* c'est-à-dire, la loi de Moïse. Il demande qu'on s'en tienne à la rédaction de la commission.

Quelques rabbins demandent le contraire.

Un membre fait remarquer que par - tout où il est dit, *la loi de Moïse* , il est sous-entendu que c'est la loi de Dieu qui nous a été donnée par Moïse. Il pense donc que, pour concilier toutes les opinions, ou peut

faire mention au procès-verbal de cette explication.

Cette proposition est adoptée.

Un autre membre monte à la tribune, et
parle sur le mot *ahiha* des versets 19 et 20
du chapitre xx du Deutéronome, qui signifie
frère. Il pense que le mot *frère* n'est applicable qu'à des coreligionnaires.

Un membre observe que ce mot n'est
pas exclusivement applicable aux coreligionnaires. Il cite le chapitre XXIX, verset 4, de
la Genèse, où ce mot est pris dans le sens
plus général d'*ami*.

Il cite encore le verset 12 du chapitre xv
du Deutéronome, où la qualité d'*Hébreu* est
jointe à celle d'*ahiha*. Il conclut donc que
puisque la loi, lorsqu'elle a voulu désigner
le coreligionnaire, a joint l'expression *Hébreu* à celle de *frère*, il résulte clairement
que par-tout ailleurs où ces deux expressions
ne sont pas réunies, le mot *frère* a une signification plus générale. Il cite encore d'autres passages à l'appui de cette preuve.

Un membre analyse le 20.ᵉ verset susmen-
tionné du chapitre xxiii du Deutéronome.
Il fait remarquer que le mot *nochri*, qui signifie *étranger*, n'est pas relatif à la croyance,

(55)

mais au pays, à l'état; que le verbe *tassich*, qui signifie *profiter*, est relatif à l'étranger, et non au régnicole, et que le substantif *ahiha*, qui signifie *frère*, est dans l'accep-tion de *compatriote*, et non de *coreligion-naire*. Il observe que cette loi est purément politique; que ce qui précède comme ce qui suit, prouve assez qu'il n'y est question que de profit, et non d'usure. Il conclut à ce que la réponse présentée par la commission, qui renferme à peu près les mêmes prin-cipes, soit mise aux voix.

Un membre dit que cette réponse étant très-étendue, il convient d'en faire une se-conde lecture.

Le président en fait donner une nouvelle lecture.

Un rabbin observe que la rédaction éta-blit qu'un intérêt seroit permis; il déclare que, d'après la loi, tout intérêt est défendu.

Un membre réplique que l'intérêt n'est pas, en effet, permis; mais que depuis que les Juifs ont cessé de former un corps de nation, et qu'ils sont devenus commerçans, il leur a été permis de faire un modique profit; qu'il est question, dans la réponse, d'un bénéfice honnête provenant d'une opé-

ration de commerce , et non d'un intérêt usuraire.

Un membre observe qu'en développant
cette dernière idée à MM. les rabbins , ils
conviendront que le principe est conforme
à l'esprit de la loi.

Un autre membre demande une nouvelle
lecture du projet de réponse.

Un secrétaire le relit pour la troisième
fois.

On demande qu'il soit mis aux voix.

Le président met aux voix, par assis et
levé, la réponse projetée, et elle est adoptée
à la presque unanimité.

Un secrétaire donne lecture du projet de
réponse à la douzième question. M. Lyon
Marx le traduit en langue allemande, et
M. Avigdor en langue italienne.

Personne ne demandant la parole, le président le met aux voix, et la réponse proposée est adoptée à l'unanimité.

M. le président donne lecture d'un projet
d'adresse à S. M. l'Empereur et Roi pour
le jour de son anniversaire, conçu en ces
termes :

A SA MAJESTÉ

L'EMPEREUR DES FRANÇAIS

ET ROI D'ITALIE.

SIRE,

« Vos sujets Français et Italiens, quelque religion qu'ils professent, célèbrent aujourd'hui l'anniversaire de votre Majesté ; tous implorent dans leur temple le Souverain dés souverains, pour qu'il daigue répandre sur votre personne sacrée et sur l'auguste famille impériale, ses faveurs les plus signalées. Et nous aussi, animés des mêmes sentimens, et pénétrés , s'il est possible, d'une plus vive reconnoissance , nous adressons au ciel les mêmes vœux.

» La Providence, SIRE, vous a donné à ce vaste Empire, comme pour l'écarter du précipice où sembloit le pousser le désordre de tous les sentimens publics.

» Après l'avoir illustré par tant de victoires, vous lui donnez cette paix, premier besoin de l'homme ; vous étonnez , vous épuisez l'admiration de l'univers, en lui faisant contempler en vous le plus sage, le plus bienfaisant des législateurs, et le plus grand des héros.

» Daignez agréer en ce jour, SIRE, l'expression des sentimens d'amour, de respect et de reconnoissance dont vos fidèles sujets de France et d'Italie qui professent la religion de Moïse sont pénétrés pour votre personne sacrée. »

L'assemblée adopte cette adresse aux cris répétés de *vive l'Empereur, vive la famille impériale.* Le président est chargé de l'envoyer à M.ᵉʳ le Ministre de l'intérieur, et de prier en même temps son Excellence de vouloir bien la mettre sous les yeux de sa Majesté.

M. Rodrigues, de la Gironde, monte à la tribune, et fait un rapport au nom de la commission des cinq, chargée des préparatifs de la fête qui aura lieu le 15 dans le temple israélite, rue Saint-Avoie, pour célébrer l'anniversaire de S. M. l'Empereur et Roi. Il propose les dix articles suivans :

1.° A dix heures précises du matin, les députés se réuniront dans la salle des séances de l'assemblée.

2.° La séance s'ouvrira par la lecture du procès-verbal de la séance du 12; ensuite le président levera la séance.

(59)

5.° A onze heures, les députés, le président à leur tête, partiront pour se rendre au temple; et à leur entrée l'orchestre jouera l'air : *Où peut-on être mieux qu'au sein de sa famille ?* Le président prononcera un discours analogue à la fête.

4.° A midi précis, une hymne en action de grâces en l'honneur de S. M. l'Empereur et Roi sera chantée par M. Andrade, et accompagnée d'un chœur.

5.° M. Abraham Andrade, député de Baïonne, prononcera un discours en français ; M. Zinsheimer, rabbin, député du Bas-Rhin, en prononcera un en allemand; et M. Segre, rabbin, député de Verceil, en prononcera un en italien.

6.° L'orchestre exécutera une symphonie de Hayden. Pendant ce temps Mlle Caroline Wolf, qui a deux frères depuis long-temps au service, l'aîné décoré de l'étoile d'honneur, le cadet lieutenant au cinquième régiment de dragons, blessé à Austerlitz, et Mlle Schmoll, et Julie Théodore Cerf-Berr, accompagnées, la première par M. Rodrigues aîné, la seconde par M. Castro fils, et la troisième par M. Avigdor, quêteront dans le temple.

Le produit de cette quête sera distribué

aux pauvres de tous les cultes ; et , à cet effet , il sera réparti dans les différentes caisses de bienfaisance.

7.° Le temple sera éclairé ; il sera orné de guirlandes et de vases de fleurs : l'aigle impérial sera placé au-dessus de l'autel.

8.° Le soir, le temple sera illuminé extérieurement, ainsi que la salle de nos séances.

9.° Le président donnera le signal du départ, et l'assemblée se retirera dans le même ordre.

10.° Pour éviter les inconvéniens, les voitures se placeront, en entrant, dans la seconde cour.

L'assemblée approuve ces dispositions.

Le rapporteur ajoute : La commission s'est aussi occupée du discours de M. Lipmann Cerf-Berr. Elle a cru devoir ajourner à un autre moment les articles 1, 3, 4 et 5 du projet présenté. L'article 2, qui exprime le vœu de placer le buste de S. M. l'Empereur et Roi dans le lieu de nos séances, est dans tous les cœurs. M. le président est prié de transmettre ce vœu de l'assemblée à S. E. le Ministre de l'intérieur.

Le président lève la séance à trois heures et demie.

Suit la teneur des réponses adoptées par

l'assemblée aux huitième, neuvième, dixième, onzième et douzième questions.

HUITIÈME QUESTION.

Quelle juridiction de police exercent les rabbins parmi les Juifs ? quelle police judiciaire exercent-ils parmi eux ?

RÉPONSE.

Les rabbins n'exercent aucune juridiction de police parmi les Juifs.

La qualification de *rabbin* ne se trouve nulle part dans la loi de Moïse. Elle n'existoit pas davantage dans le temps du premier temple, et il n'en est fait mention que vers la fin du second.

A ces époques, les Juifs se régissoient par des *sanhédrins* ou tribunaux. Il y en avait un suprême, appelé *le grand sanhédrin*, qui siégeoit à Jérusalem, et qui étoit composé de soixante-onze juges.

Il y avoit des tribunaux subalternes, composés de trois juges, pour les affaires civiles et de police; et un autre de vingt-deux juges, qui siégeoit dans le chef-lieu, pour les affaires plus importantes, et que l'on qualifioit de *petit sanhédrin*.

Ce n'est que dans la Misna et le Talmud

que l'on trouve pour la première fois la qualification de *rabbin*, pour désigner un docteur de la loi ; et c'étoit ordinairement la voix publique sur la réputation dont il jouissoit, qui le faisoit appeler *rabbin*.

Lorsque les Israélites furent entièrement dispersés, ils formèrent de petites communautés dans les lieux où il leur fut permis de se réunir en certain nombre.

Là, il y eut quelquefois un rabbin et deux autres docteurs, qui, sous le nom de *bethdin*, c'est-à-dire, maison de justice, rendoient des jugemens. Le rabbin faisoit les fonctions de président, et les deux autres celles de juges ou d'assesseurs.

Les attributions comme l'existence de ces tribunaux ont toujours dépendu, jusqu'à nos jours, de la volonté des Gouvernemens sous lesquels les Juifs ont vécu, et selon le degré de tolérance dont ils ont joui. Depuis la révolution, il n'existe plus en France, ni dans le royaume d'Italie, aucun de ces tribunaux de rabbins. Les Juifs, devenus citoyens, se sont conformés en tout aux lois de l'État : aussi les attributions des rabbins, dans les lieux où il y en a, se bornent-elles à prêcher la morale dans les temples, à bénir les mariages, et à prononcer les divorces.

Dans les lieux où il n'y a point de rabbin, le premier Juif instruit dans sa religion peut, selon la loi, bénir un mariage sans l'assistance d'un rabbin ; ce qui est, sans doute, un inconvénient dont il importe de prévenir les suites, en étendant la défense faite aux rabbins par l'arrêté des Consuls du 1.er prairial an 10, à toutes les autres personnes qui seroient appelées à bénir un mariage.

A l'égard de la police judiciaire parmi eux, comme ils n'ont aucune hiérarchie ecclésiastique constituée, aucune subordination de fonctions religieuses, ils n'en exercent aucune.

NEUVIÈME QUESTION.

Ces formes d'élection, cette juridiction de police judiciaire, sont-elles voulues par leurs lois, ou seulement consacrées par l'usage ?

RÉPONSE.

Les réponses faites aux questions précédentes, dispensent de rien dire sur celle-ci. On peut seulement faire remarquer qu'en supposant que les rabbins eussent conservé de nos jours quelque juridiction de police judiciaire, ce qui n'est pas, cette juridiction, non plus que les formes d'élection, ne seroient point voulues par les lois , mais seroient seulement établies par l'usage.

DIXIÈME QUESTION.

Est-il des professions que la loi des Juifs leur défende?

RÉPONSE.

Il n'en est aucune ; au contraire , le Talmud (*voyez* Kiduschim, *chap.* I.ᵉʳ) déclare positivement que le père de famille qui n'enseigne pas une profession à son enfant, l'élève pour la vie des brigands.

ONZIÈME QUESTION.

La loi des Juifs leur défend-elle de faire l'usure à leurs frères?

RÉPONSE.

Le Deutéronome, ch. XXIII, v. 19, porte : « Vous ne prêterez point à intérêt à votre frère, ni de l'argent , ni du grain, ni quelque autre chose que ce soit. »
Le mot hébreu *nechech,* que l'on a traduit par celui d'*usure* , a été mal interprété. Il n'exprime, en langue hébraïque, qu'un intérêt quelconque, et non un intérêt usuraire : il n'a donc point la signification que nous donnons aujourd'hui au mot *usure.*

Il est même impossible qu'il ait cette signification ; car cette expression est relative, et
il n'y a rien dans le texte qui serve de terme
à sa relation. Qu'entendons-nous par le mot
français *usure?* N'est-ce pas un intérêt au-
dessus de l'intérêt légal, là où la loi a fixé le
taux de ce dernier? Si la loi de Moïse n'a point
fixé ce taux, peut-on dire que le mot hébreu
signifie un intérêt illégitime? Le mot *nechech*
est dans la langue hébraïque, ce qu'est dans
la langue latine le mot *fœnus.* Ainsi, pour
qu'il y ait lieu de croire que ce mot pût signifier *usure,* il faudroit qu'il en existât un autre
qui signifiât *intérêt;* de cela seul que ce mot
n'existe point, tout intérêt est usure, ou toute
usure est intérêt.

Quel étoit le but du législateur, en défendant à un Hébreu de prendre intérêt d'un
autre ? C'étoit de resserrer entre eux les liens
de la fraternité, de leur prescrire une bienveillance réciproque, et de les engager à
s'aider les uns les autres avec désintéressement.

La première pensée avoit été d'établir entre eux l'égalité des biens, et la médiocrité des
fortunes particulières : de là l'institution de
l'année sabbatique et de l'année jubilaire,

5

dont l'une revenoit tous les sept ans, et l'autre après cinquante ans. Par l'année sabbatique, toutes les dettes prescrivoient; l'année jubilaire amenoit la restitution de tous les biens vendus ou aliénés.

Il étoit facile de prévoir que la différente nature des terrains, le plus ou le moins d'industrie, les fléaux du ciel qui pourroient frapper l'un et épargner l'autre, devoient nécessairement apporter de l'inégalité dans les produits; que l'Israélite malheureux auroit recours à celui que la fortune auroit favorisé. Moïse n'a pas voulu que celui-ci profitât de l'avantage de sa situation, et fît payer au premier le service qu'il venoit réclamer de lui; qu'il aggravât ainsi le malheur de son frère, et s'enrichît lui-même en l'appauvrissant. C'est dans cette vue qu'il leur a dit : *Ne prêtez point à intérêt à votre frère.* Mais quels prêts pouvoient se faire les Juifs entre eux, dans un temps où ils n'avoient aucun commerce, où il circuloit si peu d'argent, où la plus grande égalité régnoit dans les propriétés? ce ne pouvoit être que quelques boisseaux de blé, quelques bestiaux, quelques instrumens de labourage; et Moïse vouloit que ces services fussent gratuits : il ne vouloit faire de son peuple qu'un peuple de laboureurs. Long-temps même après lui, et quoique l'Idumée fût assez voisine des côtes de la mer, occupées par les Tyriens, les Sidoniens, et autres nations navigatrices et commerçantes, on ne voit point que les Hébreux s'adonnassent au commerce ; toutes les ordonnances de leur législateur sembloient les en éloigner.

Ainsi, il ne faut point considérer la défense de Moïse comme un principe de loi de commerce, mais seulement comme un principe de charité. Selon le Talmud, il ne s'agit que du prêt en quelque sorte domestique, du prêt fait à un particulier peu fortuné : car s'il s'agissoit d'un prêt fait à un négociant, même Juif, il seroit permis sous la condition d'un profit relatif au risque.

Autrefois le mot *usure* ne présentoit aucune mauvaise acception ; il signifioit simplement un intérêt quelconque. L'expression d'*usure* ne peut plus rendre le sens du texte hébreu ; aussi la Bible d'Osterwall et celle des Juifs portugais appellent *intérêt* ce que Sacy, d'après la Vulgate, appelle *usure*. *

* Voyez le mot *usure* dans Trévoux. Voyez Pastoret, sur la législation de Moïse, page 454. Voyez Puffendorff, *Droit de la nature et des gens*, pages 482 et 484.

Ainsi, par la loi de Moïse, le simple prêt à intérêt, non-seulement entre Juif et Juif, mais encore entre un Juif et un compatriote, sans distinction de religion, est défendu. Il doit être gratuit toutes les fois qu'il s'agit d'obliger celui qui réclame notre secours, et que l'emprunt n'a pas pour objet une entreprise de commerce.

Il ne faut pas perdre de vue que ces lois si belles et si humaines, à une époque si reculée, ont été faites pour un peuple qui formoit alors un État, et tenoit une place parmi les nations.

Qu'on jette un regard sur les restes de ce peuple infortuné, dispersés chez tous les peuples de la terre; on verra que depuis que les Juifs ont été dépossédés de la Palestine, il n'y a plus eu pour eux de demeure commune, de propriété, d'égalité primitive à maintenir. Quoique remplis eux-mêmes de l'esprit de leur législation, ils ont senti que du moment où le principe de la loi n'existoit plus, ils ne devoient plus la suivre; et on les a vus, sans aucun scrupule, prêter à intérêt aux Juifs commerçans, comme aux hommes d'un culte différent.

DOUZIÈME QUESTION.

Leur défend-elle ou leur permet-elle de faire l'usure aux étrangers ?

RÉPONSE.

Nous avons vu, dans la réponse à la question précédente, que la défense de l'usure, considérée comme l'intérêt le plus modique, étoit moins un principe de commerce qu'un principe de charité et de bienfaisance. C'est sous ce point de vue qu'elle est également condamnée par Moïse et par le Talmud, et que la défense, sous ce rapport, s'applique autant à nos concitoyens qui ne sont pas de la même religion, qu'à nos coreligionnaires.

Cette disposition de la loi qui permet de prendre intérêt de l'étranger, ne se rapporte évidemment qu'aux nations avec lesquelles on a des relations de commerce : autrement il y auroit une contradiction manifeste entre ce passage et vingt autres des livres sacrés : *Aimez l'étranger, parce que le Seigneur votre Dieu l'aime ; donnez-lui la nourriture et le vêtement. Il n'y aura qu'une même loi pour vous et pour les étrangers qui sont dans votre pays. Que la justice se rende également,*

parmi vous , aux étrangers et à vos conci-
toyens. Que maudit soit celui qui fera le
moindre tort à l'étranger! Traitez l'étranger
comme vous-même.

Ainsi la restriction, où la défense, s'applique à l'étranger qui résidoit dans Israël ;
l'Écriture le met sous la sauve-garde de
Dieu : c'est un hôte sacré, et Dieu fait un
devoir de l'accueillir comme la veuve et
l'orphelin.

Il est évident que le texte, *Extraneo fœne-*
rabis , et fratri tuo non fœnerabis , ne peut
s'entendre que des nations étrangères avec
lesquelles on fait le commerce ; et même en
ce cas l'Écriture, en permettant de prendre
intérêt de l'étranger, n'entend point par-là
aucun profit excessif, oppresseur, odieux à
celui qui le paye. *Non licuisse Israelitis ,*
disent les docteurs , *usuras immoderatas*
exigere ab extraneis etiam divitibus, res est
per se nota.

Moïse, s'il étoit le législateur des Juifs,
étoit-il le législateur de l'univers ? les lois
qu'il donnoit au peuple que Dieu lui avoit
confié, alloient-elles devenir les lois du
monde? *Vous ne prendrez point d'intérêt de*
vos frères. Quelle garantie avoit-il que dans

les relations qui devoient naturellement s'é-
tablir entre la nation juive et les nations
étrangères, ces dernières renonceroient aux
usages généralement répandus dans le commerce, et prêteroient aux Juifs sans exiger
aucun intérêt ? Et alors falloit-il qu'il con-
sentît à les sacrifier, à les appauvrir, pour
enrichir les peuples étrangers ? N'est-il pas
absurde de lui faire un crime de la restriction qu'il a mise au précepte du Deutéronome ? Quel est le législateur qui ne l'ait
regardée comme un principe naturel de réciprocité ?

Combien, à cet égard, la législation de
Moise est plus simple, plus noble, plus juste
et plus humaine que celle des Grecs et des
Romains ! Vit-on jamais, parmi les anciens
Israélites, ces scènes de scandale et de ré-
volte provoquées par la dureté des créan-
ciers envers les débiteurs ; ces fréquentes
abolitions de dettes, pour éviter qu'une multitude appauvrie par les exactions des prêteurs ne se livrât au désespoir ?

La législation mosaïque et ses interprètes
ont distingué, avec une humanité digne d'é-
loge, les divers usages de l'argent emprunté.
Est-ce pour soutenir la famille ? l'intérêt

est défendu. Est-ce pour entreprendre un commerce qui fait courir un risque aux capitaux du prêteur ? l'intérêt est permis, même de Juif à Juif. *Prête au pauvre*, dit Moïse. Ici le tribut de la reconnoissance est le seul intérêt. Le salaire du service rendu est dans la satisfaction de l'avoir rendu. Il n'en est pas de même du riche qui emploie des capitaux dans l'exploitation d'un grand commerce : là, il permet que le prêteur soit associé aux profits de l'emprunteur; et comme le commerce étoit, pour ainsi dire, nul parmi les Israélites, exclusivement adonnés au labourage, et qu'il ne se faisoit qu'avec les étrangers, c'est-à-dire les nations voisines, il fut permis d'en partager le profit avec elles.

C'est ce qui fit dire à M. de Clermont-Tonnerre, dans l'Assemblée constituante, ces paroles remarquables : « L'usure, dit-on, est permise aux Juifs. Cette assertion n'est fondée que sur une interprétation fausse d'un principe de bienfaisance et de fraternité, qui leur défendoit de prêter à intérêt entre eux. »

Cette opinion est celle de Puffendorff, et d'autres publicistes.

On s'est fort étayé contre les Juifs, d'un

passage de Maimonides , qui semble avoir fait un précepte de l'expression *l'anochri tassich*. Mais si Maimonides n'a pas craint de soutenir cette opinion , on sait que le savant rabbin Abarbanel a réfuté ce sentiment d'une manière victorieuse. On trouve encore dans le Talmud, traité de *Macot*, que l'un des moyens d'acquérir la perfection , est de prêter sans intérêt à l'étranger, même idolâtre. Au reste , quelle que fût , s'il est permis de s'exprimer ainsi, la condescendance de Dieu pour les Hébreux , on ne sauroit raisonnablement soutenir que ce Père commun des hommes a pu dans aucun temps commander l'usure.

Le sentiment de Maimonides, qui avoit soulevé contre lui tous les docteurs juifs, fut principalement condamné par les fameux rabbins Moïse de Gironda et Salomon Benadaret : d'abord, sur ce qu'il s'étoit appuyé du sentiment de Siffri , docteur particulier dont la doctrine n'a pas été sanctionnée par le Talmud; car il est de règle générale que toute opinion rabbinique qui n'est pas sanctionnée dans cet ouvrage, doit être considérée comme réfutée : en second lieu, parce que si Maimonides a entendu que le mot *nochri*, c'est-à-dire *étranger*, regardoit le Cananéen, peuple proscrit de Dieu, néanmoins il n'auroit pas dû confondre le droit public qui dérivoit d'un ordre extraordinaire de Dieu aux Israélites considérés comme nation, avec le droit privé d'un particulier contre un autre particulier de cette même nation.

Il est incontestable d'après le Talmud que l'intérêt même entre Israélites est permis lorsqu'il s'agit d'opérations de commerce, dans lesquelles le prêteur, en courant une partie des risques de l'emprunteur, s'associe aussi à ses profits. C'est l'opinion de tous les docteurs juifs.

On voit que les opinions absurdes et contraires à la morale sociale que peut avoir avancées un rabbin, ne doivent pas faire porter un jugement défavorable sur la doctrine générale des Juifs, de même que les idées semblables avancées par des théologiens catholiques ne doivent pas être mises sur le compte de la doctrine évangélique. On peut en dire autant de l'imputation faite aux Hébreux d'avoir une disposition naturelle à l'usure : on ne peut pas nier qu'il ne s'en trouve quelques-uns, mais en bien plus petit nombre qu'on ne pense, qui se livrent à ce

honteux commerce, défendu par leur religion.

S'il en est quelqu'un qui s'écarte à cet
égard des lois de la délicatesse, n'est-il pas
injuste d'imputer ce vice à cent mille individus? Ne le seroit-il pas de l'imputer à tous
les Chrétiens, parce qu'il s'en trouve qui se
le permettent?

Séance du 18 septembre 1806.

LE président ouvre la séance à midi,
nomme trois commissaires pour maintenir
l'ordre, et annonce que MM. Molé, Portalis
fils et Pasquier doivent se rendre à l'assemblée pour lui donner de nouvelles communications de la part de sa Majesté impériale et
royale. Il nomme MM. Formiggini, Cologna,
Cracovia, Goudchaux, Dreyfoss, Rodrigues
aîné, Schwab et Lorich, pour aller au-devant d'eux et les introduire dans la salle.

A une heure, MM. les commissaires de sa
Majesté entrent et prennent place au bureau.

M. Molé, l'un d'entre eux, lit le discours
suivant :

Messieurs,

« S. M. l'Empereur et Roi a vu avec satisfaction vos réponses ; elle nous a chargés
de vous faire connoître qu'elle avoit applaudi
à l'esprit qui les a dictées. Mais les communications que nous venons vous faire en
son nom, prouveront bien mieux que nos
paroles, tout ce que cette assemblée doit
attendre de son auguste protection.

» En nous présentant de nouveau, Messieurs, dans cette enceinte, nous y retrou-
vons les impressions et les pensées qui nous
agitèrent lorsque vous nous y avez reçus pour
la première fois. En effet, qui ne seroit
saisi d'étonnement à la vue de cette réunion
d'hommes éclairés, choisis parmi les descendans du plus ancien peuple de la terre ? Si
quelque personnage des siècles écoulés revenoit à la lumière, et qu'un tel spectacle
vint à frapper ses regards, ne se croiroit-il pas
transporté dans les murs de la cité sainte,
ou ne penseroit-il pas qu'une révolution terrible a renouvelé les choses humaines jusque
dans leurs fondemens ? Il ne se tromperoit
pas, Messieurs : c'est au sortir d'une révo-

lution qui menaçoit d'engloutir les religions, les trônes et les empires, que les autels et les trônes se relèvent de toutes parts pour protéger la terre. Une foule insensée avoit tenté de tout détruire; un seul homme est venu, et a tout réparé. Le monde entier et le passé depuis son origine ont été livrés à ses regards; il a vu répandus sur la surface du globe, les restes épars d'une nation aussi célèbre par son abaissement qu'aucun peuple le fut jamais par sa grandeur. Il étoit juste qu'il s'occupât de son sort; et l'on devoit s'attendre que ces mêmes Juifs qui tiennent une si grande place dans le souvenir des hommes, fixeroient l'attention d'un prince qui doit à jamais remplir leur mémoire.

» Les Juifs, accablés du mépris des peuples et souvent en butte à l'avarice des souverains, n'ont point encore été traités avec justice. Leurs coutumes et leurs pratiques les isoloient des sociétés, qui les repoussoient à leur tour; et ils n'ont cessé d'attribuer aux lois humiliantes qui leur étoient imposées, les désordres et les vices qu'on leur reproche. Aujourd'hui même encore ils expliquent l'éloignement de quelques-uns d'entre eux pour l'agriculture et les professions utiles, par le

peu de confiance que peuvent prendre dans
l'avenir des hommes dont l'existence dépend
depuis tant de siècles de l'esprit du moment
et du caprice de la puissance ; désormais ne
pouvant plus se plaindre, ils ne pourront plus
se justifier.

» Sa Majesté a voulu qu'il ne restât aucune
excuse à ceux qui ne deviendroient pas citoyens ; elle vous assure le libre exercice de
votre religion et la pleine jouissance de vos
droits politiques : mais, en échange de l'auguste protection qu'elle vous accorde, elle
exige une garantie religieuse de l'entière
observation des principes énoncés dans vos
réponses. Cette assemblée, telle qu'elle est
constituée aujourd'hui, ne pourroit à elle
seule la lui offrir ; il faut que ses réponses,
converties en décisions par une autre assemblée d'une forme plus imposante encore
et plus religieuse, puissent être placées à
côté du Talmud, et acquièrent ainsi, aux
yeux des Juifs de tous les pays et de tous les
siècles, la plus grande autorité possible. C'est
aussi l'unique moyen de répondre à la grandeur et à la générosité des vues de sa Majesté,
et de faire éprouver l'heureuse influence de
cette mémorable époque à tous vos coreligionnaires.

» La foule des commentateurs de votre loi en a sans doute altéré la pureté, et la diversité de leurs opinions a dû jeter dans le doute la plupart de ceux qui les lisent. Il s'agit donc de rendre à l'universalité des Juifs l'important service de fixer leur croyance sur les matières qui vous ont déjà été soumises. Pour rencontrer dans l'histoire d'Israël une assemblée revêtue d'une autorité capable de produire les résultats que nous attendons, il faut remonter jusqu'au grand sanhédrin. C'est le grand sanhédrin que sa Majesté se propose de convoquer anjourd'hui. Ce corps, tombé avec le Temple, va reparoître pour éclairer par tout le monde le peuple qu'il gouvernoit : il va le rappeler au véritable esprit de sa loi, et lui en donner une explication digne de faire disparoître toutes les interprétations mensongères; il lui dira d'aimer et de défendre les pays qu'il habite; et il lui apprendra que tous les sentimens qui l'attachoient à son antique patrie, il les doit aux lieux où pour la première fois depuis sa ruine il peut élever sa voix.

» Enfin, selon l'ancien usage, le grand sanhédrin sera composé de soixante-dix membres, sans compter son chef; les deux tiers, ou environ, seront des rabbins, parmi lesquels on verra d'abord ceux qui sont ici présens, et qui ont approuvé les réponses; l'autre tiers sera choisi par cette assemblée elle-même, dans son sein et au scrutin secret. Les fonctions du grand sanhédrin consisteront à convertir en décision doctrinale les réponses déjà rendues par l'assemblée, ainsi que celles qui pourroient encore résulter de la continuation de ses travaux.

» Car, vous l'entendez, Messieurs, votre mission n'est pas encore remplie; elle durera aussi long-temps que celle du grand sanhédrin; il ne fera que ratifier et donner un nouveau poids à vos réponses. D'ailleurs, sa Majesté a été trop satisfaite de vos intentions et de votre zèle, pour dissoudre cette assemblée avant d'avoir terminé le grand œuvre auquel elle l'a appelée à concourir.

» Avant tout, il convient que vous nommiez au scrutin secret un comité de neuf membres, qui puisse préparer avec nous les matières qui doivent faire le sujet de vos nouvelles discussions et des décisions du grand sanhédrin. Vous observerez que, dans la composition de ce comité, les Juifs portugais, italiens et allemands se trouvent également représentés. Nous vous invitons aussi à annoncer, sans délai, la convocation du grand sanhédrin à toutes les synagogues de l'Europe, afin qu'elles envoient à Paris des députés capables de fournir au Gouvernement de nouvelles lumières, et dignes de communiquer avec vous. »

Après cette lecture, qui est vivement applaudie par l'assemblée, M. le président répond en ces termes :

MESSIEURS,

« Les nouvelles communications que vous venez de nous donner de la part de Sa Majesté, nous confirment de plus en plus dans les espérances que nous avions conçues de ses vues paternelles à notre égard.

» Tout homme doué d'un esprit éclairé et d'une âme bienfaisante peut avoir l'idée d'une réforme politique, avantageuse à l'humanité ; mais ces conceptions philantropiques restent le plus souvent sans exécution, reléguées parmi les rêves des gens de bien, soit parce qu'en voyant le but, leur esprit n'a pas assez d'étendue pour voir les moyens de l'atteindre; soit parce que l'usage de ces moyens est hors de la portée d'une condition privée.

» Il n'en est pas de même d'un prince puissant et révéré, de l'un de ces hommes extraordinaires qui entraînent tout dans leur sphère, qui donnent leur nom au siècle qui les vit régner, et qu'un désir immense de faire le bien sollicite sans cesse.

» Quand, pour la félicité des peuples, le ciel leur donne de tels souverains, il n'est pas de dessein magnanime qu'ils ne conçoivent; il n'en est pas qui, par leur volonté aussi puissante que juste, ne puisse avoir une pleine et entière réussite.

» L'ascendant de leur génie imprime à leurs établissemens un caractère de force et de permanence qui les rend, pour ainsi dire, inaccessibles à l'inconstance des opinions et des passions humaines.

» Tel est, Messieurs, le prince qui nous gouverne : sa vaillance lui a fait donner le titre de *grand* ; sa bonté paternelle lui fera donner celui de *bienfaisant*. Il n'appartenoit qu'à lui de fermer à jamais la plaie que dix-huit siècles de proscription et d'anathème avoient faite aux malheureux enfans d'Israël.

» Asservis depuis leur dispersion à une

politique également fausse et incertaine, jouets des préjugés et des caprices du moment, on remarque avec surprise que parmi tant de princes qui ont régné dans les différens états, que parmi ceux même qui ont paru animés du désir d'améliorer notre condition, nul n'ait conçu avec force et grandeur l'idée et les moyens d'arracher des hommes sobres, actifs, industrieux, à la nullité civile et politique dans laquelle ils étoient retenus.

» Toujours en dehors de la société, en butte à la calomnie, victimes innocentes de l'injustice, se taire et souffrir ; telle fut, durant bien des siècles, leur triste destinée.

» Sa Majesté n'a pu voir avec indifférence cet état de choses. Au milieu des plus grands intérêts qui puissent absorber l'attention d'un mortel, notre régénération a été l'objet de ses pensées, et les nouvelles communications qui nous sont données l'attestent assez. Elle a su tirer le bien de la source même du mal ; elle a su trouver, dans l'un des effets encore subsistans de l'ancienne législation concernant les Juifs du Nord, une occasion de faire la félicité des Israélites d'Occident. C'est la verge de Moïse qui fait jaillir l'eau vivifiante d'un rocher aride.

» Arrêtons-nous un moment ici, et considérons que, d'après les principes du droit politique, tout culte religieux doit être soumis à l'autorité souveraine, autant du moins qu'il peut relever du pouvoir humain ; d'abord, pour qu'il n'enseigne point des dogmes nuisibles, et ne dégénère pas en superstitions absurdes ; ensuite, pour qu'il ne se divise pas en sectes différentes : car si la nature des choses a voulu qu'il y eût plus d'une religion positive dans le même État, l'ordre public et la morale sociale veulent aussi que chacune de ces religions ne se subdivise point, et n'enfante pas des sectes particulières, au grand détriment de la paix intérieure des empires.

» Pour prévenir ce danger, la raison et le plus grand intérêt de tous exigent que chaque religion positive présente au souverain une responsabilité et des moyens de surveillance : elle doit avoir, pour cet effet, des hommes destinés par état à en étudier les principes, à en prêcher la morale, à en conserver la pureté, à en être en quelque sorte les dépositaires et les gardiens ; et tel est le devoir imposé aux ministres de chaque culte.

» Ces principes justifient et consacrent les

premières communications qui nous ont été données.

» D'abord il s'agissoit de savoir en quoi nos dogmes religieux s'accordoient ou différoient avec les lois de l'État; si ces dogmes, trop long-temps regardés comme insociables ou intolérans, étoient réellement l'un ou l'autre. Forts de notre conscience, des sentimens qui nous animent, des maximes que nous professons, nous nous sommes expliqués au sein de la capitale, et, pour ainsi dire, sous les yeux mêmes de sa Majesté, avec la même franchise, la même liberté d'opinion dont nous aurions usé au sein de nos foyers domestiques, et indépendamment de toute provocation de la part de l'autorité souveraine.

» Ce n'étoit pas un hommage équivoque rendu à l'illustre dépositaire de l'autorité, que cet abandon, cette confiance sans bornes dans sa justice et ses hautes vertus. Enfin, il a acquis la certitude que le code religieux de Moïse ne contenoit, ni dans ses principes, ni dans ses pratiques, rien qui pût justifier l'exclusion de ses sectateurs de la jouissance des droits civils et politiques des Français.

6²

» Mais sa Majesté, pénétrée de ce grand principe, qu'en matière de croyance religieuse, la persuasion seule doit agir, a senti qu'il ne suffisoit pas qu'elle fût satisfaite de nos réponses; qu'il falloit encore qu'elles fussent reçues, avouées par les synagogues de France et du royaume d'Italie, et qu'elles servissent de règle et d'exemple à toutes celles d'Occident. C'est en vertu de cette réserve prudente, de cette sage circonspection, digne de nos éternelles bénédictions dans le prince le plus puissant de la chrétienté, qu'il a déterminé dans sa sagesse la convocation du grand sanhédrin dont il vient de nous être parlé, afin de donner aux décisions de cette assemblée la sanction religieuse qu'elles doivent avoir.

» Ainsi le régulateur des destinées de l'Europe, le dispensateur des trônes, ce monarque par-tout respecté, respecte lui-même l'indépendance des opinions religieuses et l'asile sacré des consciences.

» Ainsi s'élève pour sa Majesté impériale et royale un nouveau monument de gloire plus durable que ceux de marbre et d'airain. Son règne sera l'époque de la régénération de nos frères. L'Europe lui devra des millions de citoyens utiles ; et ce qui doit être bien doux pour le cœur de sa Majesté, elle aura devant les yeux le spectacle des heureux qu'elle aura faits.

» Les attributions plus importantes que sa Majesté daigne nous donner, en nous imposant des devoirs plus difficiles à remplir, auroient de quoi nous effrayer, si vous ne nous promettiez, Messieurs les commissaires, de nous aider du concours de vos lumières, afin de répondre dignement aux grandes vues de sa Majesté. Éloignés par notre situation passée, par la nature de nos occupations, des études relatives à des objets d'un ordre si relevé, nous n'y pouvons porter que les simples lumières du bon sens, des intentions pures et un zèle soutenu : mais ces dispositions ne suffisent pas ; nous avons besoin de toute votre indulgence, et nous la réclamons. »

Après cette réponse du président, à laquelle l'assemblée applaudit, il informe MM. les commissaires que, désirant soumettre à la discussion une délibération à prendre sur les communications qui viennent d'être données, il les prie de vouloir bien se retirer un instant dans l'une des salles de la préfecture, où ils seront informés de la détermination de l'assemblée.

MM. les commissaires de sa Majesté ayant déféré à cette invitation, les membres de l'assemblée les accompagnent; et aussitôt qu'ils sont rentrés, le président propose à l'assemblée de prendre la délibération suivante :

« L'assemblée des représentans des Israélites de France et du royaume d'Italie, après avoir entendu les communications officielles qui viennent de lui être données par MM. les commissaires de sa Majesté impériale et royale ;

« Considérant que S. M. l'Empereur et Roi, en permettant la réunion d'un nombre déterminé de docteurs de la loi, et de notables parmi les laïques, en grand sanhédrin, a prévenu les vœux et pourvu au plus pressant besoin de tous ceux qui professent en Europe la religion de Moïse ; que sa bienveillance impériale se manifeste tous les jours d'une manière si positive et si éclatante en faveur de ses sujets israélites, qu'elle leur impose le devoir de concourir de tous leurs efforts à l'achèvement des grands desseins qu'elle a conçus pour le bonheur de tous leurs coreligionnaires d'Occident ;

» Arrête que le bureau de l'assemblée se retirera vers les commissaires de sa Majesté impériale et royale, pour les supplier de porter au pied du trône l'hommage de sa profonde gratitude, et de son entier et respectueux dévouement;

» Qu'il sera adressé, par l'assemblée, une proclamation à toutes les synagogues de l'Empire français, du royaume d'Italie et de l'Europe, pour leur annoncer que, le 20 octobre, un grand sanhédrin s'ouvrira à Paris, sous la protection et par la permission expresse de sa Majesté;

» Que MM. les rabbins, membres de l'assemblée, seront invités à faire partie de ce grand sanhédrin;

» Que vingt-cinq des députés, membres de l'assemblée, seront élus au scrutin secret pour en faire également partie;

» Que sa Majesté impériale et royale sera humblement suppliée de vouloir bien donner les ordres nécessaires, afin que vingt-neuf rabbins choisis dans les synagogues de son Empire et de son royaume d'Italie, puissent se rendre à Paris pour y assister au grand sanhédrin;

» Qu'il sera procédé dans le sein de l'as-

semblée à l'élection d'un comité de neuf membres au scrutin secret, par trois scrutins de
liste, lequel comité sera chargé de préparer,
de concert avec MM. les commissaires de
S. M. l'Empereur et Roi, les matières qui
seront soumises à la délibération du grand
sanhédrin ;

» Que l'assemblée ne se séparera pas que
le grand sanhédrin n'ait clos ses séances ;
qu'elle prie MM. les commissaires impériaux
de transmettre à sa Majesté impériale et
royale le désir qu'elle éprouve de porter en
corps à ses pieds l'hommage de son amour
et de son respect. »

L'assemblée arrête en outre que copie de
la présente délibération sera sur-le-champ,
et séance tenante, transmise à MM. les commissaires de sa Majesté.

Ce projet, après avoir été traduit en italien
et en allemand, est adopté à l'unanimité et
par acclamation.

Le président et le bureau se rendent aussitôt auprès de MM. les commissaires, et leur
remettent la délibération que l'assemblée
vient de prendre, avec prière de vouloir la
mettre sous les yeux de sa Majesté impériale
et royale.

En rentrant dans la salle, le président propose de procéder à la nomination, au scrutin secret, de la nouvelle commission des neuf.

Quelques membres croient que cette opération pourroit être renvoyée à demain ; d'autres, qu'elle peut être commencée aujourd'hui. L'assemblée adopte cette seconde proposition, et procède au scrutin.

Sur quatre-vingt-dix-neuf votans, M. Segre réunit soixante-dix-huit voix, M. Cologna soixante-sept, et MM. Formiggini et Cracovia, chacun trente-quatre.

En conséquence, le président proclame MM. Segre et Cologna membres de la commission des neuf.

L'assemblée procède ensuite à un second scrutin pour la nomination d'un troisième membre, pris parmi MM. les Italiens.

Sur cent votans, M. Cracovia ayant réuni cinquante-trois suffrages, et M. Formiggini quarante-sept, le président proclame le premier, membre de la commission des neuf.

L'assemblée s'occupe ensuite de la nomination des trois membres à prendre parmi les députés du nord.

Sur quatre-vingt-dix-huit votans, M. Jacob Goudchaux obtient quarante-six suffrages,

M. Berr Isaac Berr quarante-six, M. Zinsheimer quarante, M. J. Lazare trente-neuf,
M. Lyon Marx vingt-cinq, M. Worms vingt,
et M. Moïse Levy vingt.

Nul n'ayant obtenu la majorité absolue des
suffrages, le président renvoie à demain la
suite des élections, et lève la séance.

De l'Imprimerie de PLASSAN, Imprimeur de la
Grande-Chancellerie de la Légion d'honneur, rue
de Vaugirard, n.º 9, près l'Odéon.

Séance du 19 septembre 1806.

M. le président ouvre la séance à midi ; il fait lecture de la loi sur le mode de procéder au scrutin : il paroît, d'après son contenu, que la nomination du troisième membre italien, de la commission des neuf, qui a été faite par ballottage au second tour de scrutin, n'est pas régulière.

On propose de continuer l'élection des députés allemands et portugais conformément à la loi, et de refaire ensuite la nomination du troisième député italien.

On demande que la nomination de ce troisième membre soit maintenue, et que la loi ne soit appliquée qu'aux députés allemands et portugais qui ne sont pas encore nommés.

Le président pense que la loi étant expresse, il est impossible de s'en écarter dans aucun cas.

On insiste pour que la nomination soit confirmée, puisqu'elle a été faite de bonne foi.

Quelques-uns pensent que la loi ne concerne que les colléges électoraux, et ne peut s'appliquer à l'assemblée ;

D'autres, que M. Cracovia ayant été proclamé membre de la commission par M. le président, cette nomination est consommée, qu'il est superflu d'y revenir; mais que si l'on a des doutes sur sa validité, il convient, avant toute détermination ultérieure de l'assemblée à cet égard, d'en référer à MM. les commissaires de sa Majesté.

Un membre soutient que la loi sur les colléges électoraux ne peut s'appliquer à l'assemblée. Il rappelle la lettre de convocation de S. E. le Ministre de l'intérieur, d'après laquelle l'assemblée a été libre d'adopter tel mode d'élection qu'elle jugeroit convenable.

On observe à cet égard qu'il s'agit d'obéir à la loi, et non de confirmer la nomination du troisième député italien ; et l'on ajoute qu'il est même de l'honneur de ce député que sa nomination soit confirmée par le mode légal.

Un membre pense que la loi seule peut confirmer ou annuller l'élection de M. Cracovia ; et en attendant que le cas soit décidé, il propose à l'assemblée de s'occuper de la nomination des députés allemands et portugais.

Pour fixer tous les doutes, on propose de faire une députation de trois membres, pour aller vers MM. les commissaires de sa Majesté, afin de savoir si l'on doit, ou non, recommencer

un nouveau scrutin pour le membre italien
dont la nomination ne paroît pas conforme
à la loi. L'assemblée adopte cette proposition,
et le président nomme pour la députation ;
MM. Cracovia, S. Oppenheim, et J. Rodrigues
fils, secrétaire. Ils sortent à l'instant de l'assemblée pour se rendre chez MM. les commissaires de sa Majesté l'Empereur et Roi.

L'assemblée procède ensuite au second tour
de scrutin pour la nomination des trois députés allemands. Les votans sont au nombre
de cent. Le scrutin dépouillé, il en résulte que
M. Jacob Lazare a réuni cinquante-cinq voix ;
M. Moïse Levy, cinquante-cinq ; M. Lyon
Marx, quarante-neuf ; M. Berr Isaac Berr, quarante-sept ; M. David Zinsheimer, quarante-
six ; M. Cerf Jacob Goudchaux, quarante-une :
en conséquence, MM. Jacob Lazare et Moïse
Levy ayant obtenu la majorité absolue des
suffrages, M. le président les a proclamés
membres de la commission des neuf.

Les trois membres députés vers MM. les
commissaires de S. M. l'Empereur et Roi rentrent dans l'assemblée : ils disent que M. Portalis, l'un des trois commissaires, et le seul
qu'ils aient pu trouver, leur a répondu qu'ils
ne pourroient juger de la validité ou de l'in-
validité de l'élection du troisième membre

7'

italien que lorsque le procès-verbal de sa nomination seroit entre leurs mains; qu'une nomination peut être attaquée de deux manières, ou par la partie intéressée à la faire annuller, ou par la partie publique, chargée de veiller à l'observation des lois. L'assemblée, leur a-t-il dit, peut confirmer cette nomination, si elle le juge convenable : mais comme la loi a été violée, si les parties intéressées réclamoient, MM. les commissaires se verroient obligés de prononcer sur leurs réclamations, pourvu toutefois qu'elles fussent signées par les membres qui voudroient les faire, ou qu'elles leur fussent adressées au nom de l'assemblée. Quant à l'application de la loi à l'assemblée, quoiqu'elle ait été faite pour les colléges électoraux, elle sert de règle pour toutes les élections qui doivent se faire au scrutin et à la majorité absolue. M. Portalis leur a dit qu'il paroissoit convenable de continuer les élections, et de laisser les choses dans l'état où elles se trouvent, jusqu'à ce qu'ils aient pu prendre une connoissance officielle des doutes élevés dans l'assemblée sur la validité de la nomination du troisième membre italien de la commission des neuf. L'assemblée adopte cet avis, et l'on procède au troisième tour de scrutin, pour ballotter

MM. Lyon Marx et Berr Isaac Berr, qui ont réuni le plus de suffrages après MM. Jacob Lazare et Moïse Levy, qui ont obtenu la majorité absolue au deuxième tour. Le nombre des votans à ce troisième tour a été de cent : M. Berr Isaac Berr a obtenu cinquante voix, M. Lyon Marx quarante-huit ; et il y a eu deux scrutins nuls, l'un blanc, et l'autre portant sur un membre italien. En conséquence, M. le président a proclamé M. Berr Isaac Berr membre de la commission des neuf.

L'assemblée continue ses opérations, au scrutin, pour les trois députés portugais. Les votans sont au nombre de cent. M. Furtado, président, a réuni soixante-dix voix ; M. Avigdor, secrétaire, cinquante-une ; M. Cremieux, quarante-neuf ; M. le rabbin Abraham Andrade, quarante-six ; M. Sabaton Constantini, trente-cinq ; M. Marc Foy aîné, trente-cinq. MM. Furtado et Avigdor, ayant réuni la majorité absolue des suffrages, ont été proclamés membres de la commission des neuf.

On commence le second tour de scrutin, pour la nomination du troisième député portugais. Les votans sont au nombre de quatre-vingt-quatorze. M. Cremieux a réuni trente-sept voix ; M. Andrade, rabbin, trente-sept voix; M. Marc Foy, onze; M. Constantini, sept. Aucun de ces membres n'ayant obtenu la majorité absolue des suffrages, on propose de remettre à mardi prochain le troisième tour de scrutin, pour le ballottage des deux membres qui ont réuni le plus de voix. Cette proposition est adoptée par l'assemblée. Le président lève la séance à quatre heures et demie, et annonce que mardi, 23 du courant, l'assemblée reprendra le cours de ses opérations.

Séance du 23 septembre 1806.

Le président ouvre la séance à midi. On procède à la lecture du procès-verbal de la séance précédente : il est adopté, sauf quelques légers amendemens.

MM. Cadet Carcassonne, Marc Foy et Lyon Marx, sont nommés commissaires pour maintenir l'ordre dans la salle.

Le président annonce que l'ordre du jour appelle le ballottage entre MM. Cremieux et Andrade pour compléter la commission des neuf.

L'assemblée procède à ce scrutin, et le dépouillement donne pour résultat, sur quatre-vingt-dix-huit votans, quarante-sept suffrages à M. Cremieux, et cinquante-un à M. Andrade : en conséquence, le président proclame celui-ci membre de la commission des neuf.

Il donne ensuite lecture à l'assemblée d'un projet de circulaire aux synagogues de France et du royaume d'Italie, ainsi qu'aux autres synagogues d'Occident, pour leur annoncer l'ouverture du sanhédrin à Paris, et les inviter à y envoyer des docteurs de la loi, pour concourir, par leurs conseils, aux desseins bienfaisans de sa Majesté impériale et royale.

L'assemblée applaudit aux vues qui ont dicté le projet qui vient de lui être soumis ; mais elle pense qu'attendu son importance, et l'impossibilité de juger par une simple lecture une pièce destinée à passer dans l'étranger, elle croit qu'il convient de la renvoyer à l'examen d'une commission.

Après quelques observations faites par divers membres, sur la question de savoir si l'examen du projet d'adresse sera renvoyé à une commission particulière, ou à celle des neuf, l'assemblée adopte ce dernier parti ; et M. le président invite les membres de ladite commission à se rendre dès ce soir chez lui, pour revoir le projet d'adresse, et de s'adjoindre à cet effet M. Zinsheimer, rabbin : ce que l'assemblée approuve.

Un membre propose que l'adresse soit d'abord écrite en hébreu, ensuite traduite en français et en allemand, attendu, dit-il, qu'il est plus difficile de traduire le français en hébreu, que l'hébreu en français ; que d'ailleurs les chefs des synagogues à qui elle doit être principalement adressée, n'entendent point les langues modernes aussi parfaitement que la langue hébraïque ; que celle-ci a un génie particulier, qu'il est difficile de rendre dans une traduction littérale ; qu'enfin, et dans tous les cas, l'adresse en hébreu sera reçue par MM. les chefs des synagogues étrangères avec plus de confiance.

Après une légère discussion sur la proposition du préopinant, l'assemblée arrête que l'adresse sera traduite du français en hébreu et en allemand, et que l'on s'en rapporte aux talens distingués de MM. les rabbins, pour donner à leur traduction toute la précision et la justesse des idées consignées dans l'original.

Un membre pense que cette circulaire ne doit point être envoyée dans les pays avec lesquels la France est actuellement en guerre.

On lui fait observer que comme le but que sa Majesté se propose dans l'autorisation qu'elle nous donne de former un grand sanhédrin sous sa protection, est évidemment d'attacher plus particulièrement les Israélites des différens États aux pays qu'ils habitent, et que tout gouvernement ami ou ennemi est également intéressé à l'adoption des principes qui sont l'objet des occupations de l'assemblée, il ne voit aucun inconvénient à ce que la circulaire soit indistinctement adressée à toutes les synagogues d'Occident.

Cette proposition est renvoyée aux membres de la commission, qui se concerteront à ce sujet avec MM. les commissaires de sa Majesté.

Le président annonce qu'il convient de s'occuper de la nomination au scrutin des vingt-cinq membres laïques qui doivent faire partie du grand sanhédrin.

L'un de MM. les rabbins croit qu'avant de procéder à cette opération, il paroît nécessaire de se fixer sur les qualités requises pour entrer dans le nombre des membres de cette assemblée auguste.

Un député observe qu'il a fait à ce sujet, ainsi que d'autres membres, des recherches exactes; qu'il a compulsé toutes les antiquités judaïques, et n'a rien trouvé qui prescrive

des conditions expresses sans lesquelles on
ne puisse entrer dans la composition de cette
assemblée. Cette opinion, appuyée par plusieurs membres, engage l'assemblée à passer
à l'ordre du jour sur la proposition du préopinant.

L'assemblée procède au scrutin des vingt-
cinq membres : mais, après le dépouillement
des quatre premiers bulletins, M. le président
propose, attendu qu'il est quatre heures, de
renvoyer la suite de cette opération à la séance
de demain.

Un membre propose, vu la lenteur qu'entraîne le dépouillement d'un scrutin, où il
y a un si grand nombre de noms, de former
plusieurs bureaux pour faire ce dépouillement.

L'assemblée renvoie à demain l'adoption
du mode proposé, et le président lève la
séance.

Séance du 24 septembre 1806.

M. le président ouvre la séance à midi, et nomme commissaires pour maintenir l'ordre dans la salle, MM. Gumpel Levy, Wittersheim et J. Benjamin.

Un des secrétaires fait lecture du procès-verbal de la séance du 23; il est adopté.

On continue le dépouillement du scrutin pour la nomination des vingt-cinq membres qui doivent faire partie du grand sanhédrin. Pour procéder avec plus de facilité, on propose de former trois bureaux, à la tête de chacun desquels sera un scrutateur. L'assemblée adopte cette proposition; et le président nomme, pour composer le premier bureau, MM. Émilie Vitta, Berr Isaac Berr, et May de Paris;

Pour le second, MM. Théodore Cerf-Berr, Benjamin et Castro fils;

Pour le troisième, MM. Worms, Cerf-Jacob Goudchaux, Baruch Cerf-Berr.

A quatre heures le dépouillement du scrutin est terminé.

Un membre demande qu'avant d'en proclamer le résultat, on s'assure de l'exactitude de l'opération qui vient d'être faite. Il dit que le nombre des votans étant de cent, la réunion des suffrages doit s'élever à deux mille cinq cents. Cette proposition étant appuyée et délibérée, on cumule les résultats des trois bureaux; le nombre des suffrages réunis n'est que de deux mille trois cent quatre-vingt-deux. La différence est beaucoup trop forte, dit un membre, pour que le scrutin ne soit pas déclaré nul par l'assemblée. Cette proposition, appuyée, est mise aux voix. L'assemblée déclare que le scrutin est annullé. L'heure étant avancée, on propose de remettre à vendredi 26 du courant le nouveau scrutin pour les vingt - cinq membres du grand sanhédrin. L'assemblée adopte cet avis.

Pour prévenir de semblables erreurs, on demande qu'il soit fait cinq bureaux au lieu de trois; que chaque bureau garde soigneusement les listes qui lui seront remises, pour pouvoir, au besoin, en faire la vérification; qu'on n'appelle à la fois qu'un seul membre au bureau; qu'en recevant son scrutin on le déroule; et qu'avant de lire ces scrutins, on s'assure de la quantité des noms qu'ils renferment. L'assemblée approuve cette proposition.

Un membre demande la lecture de la proclamation aux synagogues de l'Europe, dont la rédaction définitive avoit été renvoyée à la commission des neuf.

M. le président en donne lecture.

La proclamation est conçue en ces termes:

Paris, 24 de Tisri 5567 (6 octobre 1806).

L'Assemblée des Députés des Israélites de France et du royaume d'Italie, à leurs Coreligionnaires.

« Les bienfaits du Très-Haut se déclarent visiblement sur nous. Un grand événement se prépare : ce que nos pères n'avoient point vu depuis un long cours de siècles, ce que nous ne pouvions espérer de voir de nos jours, va reparoître aux yeux de l'univers étonné.

» Le 20 * octobre est le jour assigné pour l'ouverture du grand sanhédrin dans la capitale de l'un des plus puissans empires chrétiens, et sous la protection du prince immortel qui le gouverne.

» Paris va offrir ce spectacle au monde;

---

* Ce terme n'est pas de rigueur. Ceux qui se présenteront plus tard ne laisseront pas d'être accueillis comme ils l'auroient été plutôt.

et cet événement à jamais mémorable sera, pour les restes dispersés des descendans d'Abraham, une nouvelle ère de délivrance et de félicité.

» Animés des sentimens qu'inspirent une même origine et une même religion, nous venons aujourd'hui vous les exprimer dans l'effusion de la joie.

» Qui n'admireroit avec nous les desseins secrets de cette Providence qui, par des voies inconnues à notre foiblesse, change la face des choses humaines, console les affligés, relève les humbles de la poussière, met un terme aux épreuves arrêtées par ses décrets divins, et rétablit les cœurs fidèles à sa loi dans l'estime et la bienveillance des nations ?

» Depuis notre dispersion, des changemens innombrables ont signalé l'inconstance des choses humaines. Les nations se sont successivement poussées, mêlées, entassées les unes sur les autres. Seuls nous avons résisté au torrent des âges et des révolutions.

» Tout nous présageoit dans l'Europe un destin plus doux, une existence moins précaire : mais cet état de choses n'étoit encore qu'une riante perspective ; pour qu'il devînt une réalité, il falloit que du sein des tem-

pêtes publiques, que du milieu des flots agités
d'un peuple immense, il s'élevât, conduite
par une main divine, une de ces têtes puissantes autour desquelles les peuples se ral-
lient par un instinct naturel de conservation.

» Ce génie bienfaisant et consolateur veut
faire disparoître toute distinction humiliante
entre nous et ses autres sujets. Son regard
pénétrant a su découvrir dans notre code
mosaïque les principes de durée et de force
qui l'ont fait triompher des ravages du temps,
et qui donnèrent jadis à nos pères cette simplicité patriarcale que notre siècle vénère
encore, et cet héroïsme de caractère dont
l'histoire nous retrace les admirables modèles.

» Il a jugé dans sa sagesse qu'il convenoit
à ses vues paternelles de permettre qu'il fût
convoqué à Paris un grand sanhédrin. L'objet
et les fonctions de ce corps sont tracés dans
l'éloquent discours de MM. les commissaires
de sa Majesté impériale et royale. Nous vous
l'adressons, nos chers frères, pour vous faire
connoître que l'esprit qui l'a dicté n'a pour
but que de nous rappeler à nos antiques
vertus, et de conserver notre sainte religion
dans toute sa pureté.

» L'appel que nous faisons aujourd'hui du

concours de vos lumières, en donnant aux décisions du grand sanhédrin plus de considération et de poids, produira cet heureux résultat de nous rappeler tous à des principes uniformes de doctrine plus en harmonie avec les lois civiles et politiques des différens États que vous avez adoptés pour patrie.

» Vos instructions nous seront utiles, et le Gouvernement nous autorise à en réclamer l'assistance.

» Ne soyez point sourds à notre voix, nos chers frères! Choisissez des hommes connus par leur sagesse, amis de la vérité et de la justice, et capables de concourir avec nous à ce grand ouvrage. Envoyez-les prendre place parmi nous, et qu'ils nous fassent part de leurs vues sages et éclairées.

» Il doit être bien doux pour tous les Israélites de l'Europe de coopérer à la régénération de leurs frères, comme il doit être glorieux pour nous en particulier d'avoir fixé l'attention d'un Souverain illustre.

» Jamais hommes sur la terre n'eurent d'aussi puissans motifs que nous d'aimer, d'admirer ce Souverain, parce que jamais nous n'avons eu à nous applaudir d'une justice aussi éclatante, ni d'une protection plus signalée. Rendre à la société un peuple estimable par ses vertus privées, le rappeler au sentiment de sa dignité en lui assurant la jouissance de ses droits; tels sont les bienfaits dont nous sommes redevables à Napoléon-le-Grand.

» L'arbitre souverain des peuples et des rois l'a donné à cet empire pour cicatriser ses plaies, pour lui rendre le calme que de longs orages lui avoient ravi, pour agrandir ses destinées, fixer les nôtres, et faire les délices de deux nations qui s'applaudiront à jamais de lui avoir confié le soin de leur bonheur, après celui de leur défense. »

L'assemblée applaudit aux sentimens que renferme cette proclamation, et elle en vote l'adoption à l'unanimité.

M. le président propose ensuite une délibération sur les indemnités à accorder aux députés par leurs coreligionnaires des départemens. L'assemblée l'approuve à la presque unanimité, et arrête que M. le président en fera l'envoi par une circulaire aux départemens de l'Empire français et du royaume d'Italie qui ont des députés à Paris, après toutefois qu'il en aura obtenu l'agrément de S. E. M.ᵍʳ le Ministre de l'intérieur.

On demande qu'il soit pris des moyens

de faire parvenir dans les pays avec lesquels nous sommes en guerre, la proclamation aux synagogues de l'Europe.

Un membre propose d'en conférer avec MM. les commissaires de S. M. l'Empereur et Roi, et de se conformer à la marche qu'ils croiront convenable de tenir pour l'envoi de cette proclamation. L'assemblée approuve cette proposition, et elle charge la commission des neuf de s'entendre à ce sujet avec MM. les commissaires.

M. le président lève la séance à quatre heures et demie, et annonce que vendredi prochain, 26 du courant, la séance commencera à onze heures du matin.

_____

Séance du 26 septembre 1806.

M. le président ouvre la séance à onze heures : il nomme MM. Auguste Lorich et Isaac Rodrigues commissaires pour maintenir l'ordre dans la salle ; il annonce que l'ordre du jour amène la nomination, au scrutin secret, des vingt-cinq membres laïques qui doivent faire partie du grand sanhédrin.

Un membre observe qu'avant de passer à

un nouveau scrutin, l'assemblée doit décider si celui qui a été fait dans la dernière séance est irrégulier, comme on l'a pensé.

Un autre prétend qu'il est régulier, parce que les cent dix-huit voix trouvées de moins dans le recensement général qui a été fait en cumulant le nombre de cent par vingt-cinq, ne peut pas être un motif pour annuller la nomination de ceux qui avoient obtenu la majorité absolue des suffrages; il demande donc que l'assemblée rapporte la délibération prise à la fin de la dernière séance, et que les membres nommés fassent partie du san-hédrin.

On observe que l'assemblée a déclaré nul le scrutin fait dans la dernière séance; que le résultat ayant offert les motifs de nullité, on doit passer à l'ordre du jour.

D'autres soutiennent que cette nullité est contraire à l'usage, qu'on ne peut pas re-garder le scrutin comme irrégulier, parce que la totalité des voix est moindre; qu'il ne peut y avoir lieu à nullité qu'alors que les votes se trouvent en nombre plus fort que celui des votans ne le comporte.

Divers membres combattent cette opinion, et prétendent que toute irrégularité en plus comme en moins rend le scrutin nul. Ils demandent de nouveau l'ordre du jour ; le président le met aux voix, et il est adopté.

Quelques députés réclament contre cet ordre du jour ; ils se récrient contre cette délibération ; ils demandent qu'on suspende la séance, et qu'on soumette la question à la sagesse de MM. les commissaires de sa Majesté.

On réplique que la question a été résolue, qu'elle ne doit plus être soumise à un nouvel examen, et qu'on passe à l'ordre du jour. Le président remet aux voix l'ordre du jour, qui est derechef adopté à la majorité.

L'un des secrétaires fait l'appel nominal ; chaque membre appelé au bureau y dépose son suffrage dans une boîte.

Les scrutateurs s'occupent successivement du dépouillement du scrutin ; il en résulte que sur quatre-vingt-dix-huit votans, M. Berr Isaac Berr a réuni soixante-huit voix, Jacob Benjamin soixante-douze, Meyer Nathan soixante, Avigdor soixante-seize, Lipmann Cerf-Berr soixante-douze, Israël Cahen soixante-dix-sept, Théodore Cerf-Berr soixante-quinze, Saül Cremieux soixante-deux, Furtado quatre-vingt-six, Friedberg Aaron soixante-quatre, Formiggini soixante-quatorze, Cerf-Jacob Goudchaux soixante-quinze,

(113)

Aaron Lattes soixante-quatre, Lorich soixante-sept, David Levy soixante-quatorze, Marc Foy soixante-seize, Lyon Marx soixante-neuf, Isaac Rodrigue soixante-quatorze, Rodrigues fils soixante-deux, Aaron Schmoll soixante-onze, Wittersheem soixante-dix-sept, Daniel Levy soixante-quatorze, Olry Hayem Worms soixante-neuf, Fano quatre-vingt-six. Ces vingt-quatre députés ayant réuni la majorité absolue, M. le président les proclame membres du grand sanhédrin.

Il invite l'assemblée à passer à un second scrutin pour la nomination du vingt-cinquième membre : cette opération faite, le dépouillement du scrutin donne quarante-huit voix à M. Constantini et quarante-quatre à M. Émilie Vitta.

M. le président annonce qu'il y a lieu au ballottage de ces deux membres. On procède à ce scrutin : il résulte du dépouillement que sur soixante-douze votans, M. Constantini a réuni quarante-huit voix, et M. Emilie Vitta vingt-quatre ; en conséquence, M. le président proclame M. Constantini vingt-cinquième membre du grand sanhédrin, et lève la séance.

Séance du 9 décembre 1806.

M. le président ouvre la séance à midi.

Il nomme MM. Baruch Cerf-Berr, Félix Levy et Dreyfoss, commissaires pour maintenir l'ordre dans la salle.

Il annonce que l'ordre du jour amène le rapport de la commission des neuf sur le réglement organique du culte mosaïque, et l'arrêté qui doit le suivre.

M. le président invite l'un des secrétaires, membre de la commission, à donner lecture de ces pièces.

RAPPORT.

MESSIEURS,

Votre commission vient vous rendre compte du travail qu'elle a préparé conjointement avec MM. les commissaires de sa Majesté impériale et royale, pour être présenté à votre délibération.

Ce travail consiste dans un réglement organique de notre culte; il est le résultat des renseignemens fournis par votre commission.

et des instructions données par sa Majesté à MM. les commissaires chargés de traiter les affaires qui nous concernent.

Avant d'aller plus loin, c'est en même temps un devoir et un besoin pour les membres de votre commission des neuf, de vous faire connoître qu'ils ont trouvé dans les personnes à qui sa Majesté a donné sa confiance, aménité, conseil, bienveillance, et un desir constant et sincère de nous seconder dans toutes les vues d'amélioration que nous leur avons proposées.

Si le culte mosaïque, ses dogmes, ses pratiques, eussent été aussi parfaitement connus de l'autorité publique que ceux des autres religions positives, notre concours n'eût point été nécessaire dans ce travail. Bien mieux instruite que nous-mêmes sur ce qui nous convient, cette autorité, dirigée par le desir de notre amélioration, auroit statué sans avoir besoin de nous appeler à Paris. Le réglement dont nous venons vous donner connoissance, rentre essentiellement dans les motifs qui ont déterminé notre convocation.

Déjà plus d'une fois, Messieurs, vous avez eu occasion de vous convaincre combien le gouvernement sous lequel nous avons le bonheur de vivre, étoit éloigné d'alarmer les

consciences en portant la moindre atteinte
à des opinions religieuses très-anciennes, et
en blessant, en quoi que ce fût, cette prédi-
lection si puissante que les hommes ont en
général pour les choses qu'ils révèrent depuis
l'enfance.

Ainsi tout ce qui pouvoit toucher à nos
dogmes ou à nos usages religieux, a été soigneusement écarté. Consultés sur tous les
points qui se lioient à notre croyance, vous
ne trouverez dans aucun des articles de ce
réglement la moindre disposition qui, directement ou indirectement, y porte la plus
légère atteinte.

Au contraire, vous vous apercevrez aisé-
ment que le culte mosaïque sort pour la
première fois, si nous pouvons nous servir
de cette expression, de l'espèce d'*incognito*
où il a été depuis deux mille ans ; qu'il
sort sur - tout de l'état de désorganisation
presque totale où il étoit tombé depuis la révolution ; qu'il acquiert une existence légale ;
que ses ministres sont avoués par l'autorité
publique, leurs fonctions déterminées, leur
salaire assuré, et leur influence dirigée vers
sa véritable destination.

Si le réglement dont nous vous rendons
compte conserve le culte mosaïque dans son

intégrité, il ne conserve pas moins dans toute leur plénitude nos droits civils et politiques ; il présente dans son ensemble et dans chacun de ses moindres détails la confirmation de ce que vous entendîtes dans votre séance du 18 septembre dernier, de la bouche de MM. les commissaires de sa Majesté : « *Elle vous assure*, vous ont-ils dit, *le* » *libre exercice de votre religion et la pleine* » *jouissance de vos droits politiques*. Mais » en échange de l'auguste protection qu'elle » vous accorde, elle exige une garantie re- » ligieuse des principes énoncés dans vos » réponses. »

Vous le savez, Messieurs, cette garantie résultera de la conversion de nos réponses en décisions doctrinales par le grand sanhédrin. Dans le projet de réglement qui va vous être soumis, et qui, ainsi qu'il a déjà été dit, est le résultat des instructions données à MM. les commissaires de sa Majesté, et des vues de votre commission, tout est coordonné dans l'objet de présenter et d'assurer cette garantie.

Les instructions paternelles de sa Majesté à cet égard annoncent ouvertement le dessein magnanime d'arracher enfin un peuple antique et célèbre à l'injuste abaissement où l'opinion le retenoit : tout est disposé vers ce but philantropique.

L'expérience du passé vous faisoit redouter avec raison tout ce qui établissoit des distinctions, soit d'opinion, soit de fait, entre vous et les autres Français. Vous aviez remarqué avec douleur que ces nuances sociales aggravoient l'effet de la différence des religions, et contribuoient beaucoup à fortifier, à perpétuer notre isolement. Aujourd'hui, rien de semblable n'est à craindre. Comme sujets de l'Empire français et du royaume d'Italie, les lois des deux États ne contiennent à notre égard aucun genre d'exception. Comme sectateurs d'une religion particulière, l'autorité publique la place immédiatement sous sa main, et par-là lui donne une existence légale. Comme objets de l'auguste protection du Prince, sa bienveillance est un indice certain de celle que vous obtiendrez désormais de vos concitoyens. Il a daigné reconnoitre lui-même, et vous faire déclarer par la bouche de ses commissaires, que vous n'aviez point encore été traités avec justice. Est-il d'assurance plus sacrée de toute celle que nous devons attendre d'un Prince aussi magnanime?

Quel est celui d'entre nous qui ne voit, qui ne sent tous les avantages de sa situation, qui n'y puise une émulation féconde, un sentiment profond de dévouement pour la patrie et son illustre chef, en un mot le desir ardent de justifier et de mériter de si grands bienfaits?

Il en est un sûr moyen, c'est d'engager la jeunesse israélite à reprendre la noble profession des armes, si glorieusement exercée par ses ancêtres, à mériter l'honneur d'avoir un rang parmi les braves, en se consacrant particulièrement au service d'un souverain qui a des droits éternels à son dévouement le plus entier.

S'il est donc évident à tous les yeux que l'intention manifeste et bien prononcée de sa Majesté impériale et royale est de rendre nos coreligionnaires à la dignité d'hommes et de citoyens; si tout est encouragement, bienveillance, justice, protection, dans le réglement que nous venons vous soumettre, nous croirions mal-juger de votre sagesse que de douter un seul instant que vous ne l'adoptiez dans son entier.

En voici les dispositions :

Les députés composant l'assemblée des Israélites convoquée par le décret impérial du 30 mai, après avoir entendu le rapport de la commission des neuf, nommée pour préparer les travaux de l'assemblée, délibérant sur l'organisation qu'il conviendroit de donner à leurs coreligionnaires de l'Empire français et du royaume d'Italie, relativement à l'exercice de leur culte et à sa police intérieure, ont adopté unanimement le projet suivant:

Art. I.er Il sera établi une synagogue et un consistoire israélite dans chaque département renfermant deux mille individus professant la religion de Moïse.

II. Dans le cas où il ne se trouveroit pas deux mille Israélites dans un seul département, la circonscription de la synagogue consistoriale embrassera autant de départemens de proche en proche qu'il en faudra pour les réunir. Le siége de la synagogue sera toujours dans la ville dont la population israélite sera la plus nombreuse.

III. Dans aucun cas il ne pourra y avoir plus d'une synagogue consistoriale par département.

IV. Aucune synagogue particulière ne sera établie, si la proposition n'en est faite par la synagogue consistoriale à l'autorité compétente. Chaque synagogue particulière sera administrée par un rabbin et deux notables, lesquels seront designés par l'autorité compétente.

V. Il y aura un grand rabbin par synagogue consistoriale.

VI. Les consistoires seront composés d'un grand rabbin, d'un autre rabbin, autant que faire se pourra, et de trois autres Israélites, dont deux seront choisis parmi les habitans de la ville où siégera le consistoire.

VII. Le consistoire sera présidé par le plus âgé de ses membres, qui prendra le nom d'*ancien du consistoire*.

VIII. Il sera désigné par l'autorité compétente, dans chaque circonscription consistoriale, des notables au nombre de vingt-cinq, choisis parmi les plus imposés ou les plus recommandables des Israélites.

IX. Ces notables procéderont à l'élection des membres du consistoire, qui devront être agréés par l'autorité compétente.

X. Nul ne pourra être membre du consistoire, 1.° s'il n'a trente ans; 2.° s'il a fait faillite, à moins qu'il ne se soit honorablement réhabilité; 3.° s'il est connu pour avoir fait l'usure.

XI. Tout Israélite qui voudra s'établir en France ou dans le royaume d'Italie, devra en donner connoissance, dans le délai de trois mois, au consistoire le plus voisin du lieu où il fixera son domicile.

XII. Les fonctions du consistoire seront,
1.º de veiller à ce que les rabbins ne puissent donner, soit en public, soit en particulier, aucune instruction ou explication de
la loi, qui ne soit conforme aux réponses de
l'assemblée converties en décisions par le
grand sanhédrin ; 2.º de maintenir l'ordre
dans l'intérieur des synagogues, de surveiller
l'administration des synagogues particulières,
de régler la perception et l'emploi des sommes
destinées aux frais du culte mosaïque, et de
veiller à ce que, pour cause ou sous prétexte
de religion, il ne se forme, sans une autorisation expresse, aucune assemblée de prière;
3.º d'encourager, par tous les moyens pos-
sibles, les Israélites de la circonscription consistoriale à l'exercice des professions utiles,
et de faire connoitre à l'autorité ceux qui
n'ont pas des moyens d'existence avoués ;
4.º de donner, chaque année, à l'autorité connoissance du nombre des conscrits israélites
de la circonscription.

XIII. Il y aura à Paris un consistoire
central, composé de trois rabbins et de deux
autres Israélites.

XIV. Les rabbins du consistoire central
seront pris parmi les grands rabbins, et
les autres membres seront assujettis aux

conditions d'éligibilité portées en l'article X.

XV. Chaque année, il sortira un membre du consistoire central, lequel sera toujours rééligible.

XVI. Il sera pourvu à son remplacement par les membres restans. Le nouvel élu ne sera installé qu'après avoir obtenu l'agrément de l'autorité compétente.

XVII. Les fonctions du consistoire central seront, 1.° de correspondre avec les consistoires; 2.° de veiller dans toutes ses parties à l'exécution du présent réglement; 3.° de déférer à l'autorité compétente toutes les atteintes portées à l'exécution dudit réglement, soit par infraction, soit par inobservation; 4.° de confirmer la nomination des rabbins, et de proposer, quand il y aura lieu, à l'autorité compétente la destitution des rabbins et des membres du consistoire.

XVIII. L'élection du grand rabbin se fera par les vingt-cinq notables désignés en l'article VIII.

XIX. Le nouvel élu ne pourra entrer en fonctions, qu'après avoir été confirmé par le consistoire central.

XX. Aucun rabbin ne pourra être élu, 1.° s'il n'est natif ou naturalisé Français, ou Italien du royaume d'Italie; 2.° s'il ne rapporte une attestation de capacité souscrite par trois grands rabbins italiens s'il est Italien, et français s'il est Français ; et à dater de 1820., s'il ne sait la langue française en France, et l'italienne dans le royaume d'Italie : celui qui joindra à la connoissance de la langue hébraïque quelque connoissance des langues grecque et latine, sera préféré, toutes choses égales d'ailleurs.

XXI. Les fonctions des rabbins sont, 1.° d'enseigner la religion ; 2.° la doctrine renfermée dans les décisions du grand sanhédrin ; 3.° de rappeler en toute circonstance l'obéissance aux lois, notamment et en particulier à celles relatives à la défense de la patrie, mais d'y exhorter plus spécialement encore, tous les ans, à l'époque de la conscription, depuis le premier appel de l'autorité jusqu'à la complète exécution de la loi ; 4.° de faire considérer aux Israélites le service militaire comme un devoir sacré, et de leur déclarer que pendant le temps où ils se consacreront à ce service, la loi les dispense des observances qui ne pourroient point se concilier avec lui ; 5.° de prêcher dans les synagogues et réciter les prières qui s'y font en commun pour l'Empereur et la famille impériale ; 6.° de célébrer les mariages, et de déclarer les divorces, sans qu'ils puissent, dans aucun cas, y procéder, que les parties requérantes ne leur aient bien et dûment justifié de l'acte civil de mariage ou de divorce.

XXII. Le traitement des rabbins membres du consistoire central est fixé à 6000 francs; celui des grands rabbins des synagogues consistoriales à 3000. Celui des rabbins des synagogues particulières sera fixé par la réunion des Israélites qui auront demandé l'établissement de la synagogue : il ne pourra être moindre de mille francs. Les Israélites des circonscriptions respectives pourront voter l'augmentation de ce traitement.

XXIII. Chaque consistoire proposera à l'autorité compétente un projet de répartition entre les Israélites de la circonscription pour l'acquittement du salaire des rabbins : les autres frais du culte seront déterminés et répartis, sur la demande des consistoires, par l'autorité compétente. Le paiement des rabbins membres du consistoire central sera prélevé proportionnellement sur les sommes perçues dans les différentes circonscriptions.

XXIV. Chaque consistoire désignera, hors de son sein, un Israélite non rabbin, pour recevoir les sommes qui devront être perçues dans la circonscription.

XXV. Ce receveur paiera par quartier les rabbins, ainsi que les autres frais du culte, sur une ordonnance signée au moins par trois membres du consistoire. Il rendra ses comptes chaque année, à jour fixe, au consistoire assemblé.

XXVI. Tout rabbin qui, après la mise en activité du présent réglement, ne se trouvera pas employé, et qui voudra cependant conserver son domicile en France ou dans le royaume d'Italie, sera tenu d'adhérer par une déclaration formelle, et qu'il signera, aux décisions du grand sanhédrin. Copie de cette déclaration sera envoyée par le consistoire qui l'aura reçue, au consistoire central.

XXVII. Les rabbins membres du grand sanhédrin seront préférés, autant que faire se pourra, à tous autres pour les places de grands rabbins.

Suit le projet d'arrêté.

L'ASSEMBLÉE des représentans des Israélites de l'empire de France et du royaume d'Italie, après avoir entendu le rapport de son comité des neuf, et adopté dans son entier le projet de réglement rédigé par ce comité;

Considérant que le terme de ses travaux

n'est pas éloigné, et qu'il est de son devoir d'appeler l'attention de sa Majesté sur plusieurs mesures qu'elle croit propres à assurer la régénération de ses coreligionnaires, quoique ces mesures n'aient point dû ni pu être comprises dans son projet de réglement ;

Considérant que parmi ces mesures il n'en est pas de plus importantes que celles qui tendroient à faire payer par les Israélites à la patrie, le tribut des services que lui doivent tous ses enfans ;

Considérant enfin que c'est le devoir de tous les Israélites de l'Empire français et du royaume d'Italie, de verser leur sang dans les combats pour la cause de la France avec ce même dévouement et cette même valeur que leurs ancêtres combattoient autrefois les nations ennemies de la cité sainte, et de rechercher les occasions de se rendre dignes des bienfaits qu'un grand Prince daigne en ce moment répandre sur eux,

ARRÉTE que MM. les commissaires de sa Majesté impériale et royale seront suppliés de porter au pied du trône l'expression de sa profonde et immortelle reconnoissance ;

Que MM. les commissaires seront également suppliés de faire connoitre à sa Majesté les vœux que forme humblement l'assemblée, pour que sa Majesté mette le comble à ses bienfaits en consentant à concourir elle-même au salaire des rabbins, et en daignant charger les autorités locales de l'empire de France et du royaume d'Italie de se concerter avec les consistoires, afin qu'ils achèvent de détruire, par leur intervention et leur zèle, l'éloignement que pourroit avoir la jeunesse israélite pour le noble métier des armes, et qu'ils parviennent ainsi à assurer la parfaite obéissance aux lois de la conscription.

Après cette lecture, un député soumet à l'assemblée ses observations sur divers articles du réglement.

Il demande que l'article II prescrive que les individus israélites d'un département appartiennent toujours à la même circonscription consistoriale, et que, dans aucun cas, la population du même département ne puisse être répartie sur deux circonscriptions;

Que la répartition des frais locaux soit faite par les individus de chaque synagogue, ou par le consistoire en cas de différent;

Que, lorsqu'un consistoire fera la répartition des frais à la charge de la circonscription, chaque département ait le droit d'envoyer un député pour assister à cette opération;

Qu'il soit dit, dans l'article XII, que la dépense du grand rabbin sera seule à la charge de toute la circonscription, et que les autres frais seront à la charge particulière de ceux qui les feront; que même le tiers du salaire du grand rabbin soit d'abord payé par les habitans du lieu où résidera le consistoire, lesquels devront ensuite concourir pour le surplus en raison de leur nombre, vu que la résidence du grand rabbin les dispense du sous-rabbin dont chaque synagogue voudra se pourvoir.

Un membre dit que les observations du préopinant tiennent à des détails qui pourront faire l'objet des occupations des consistoires locaux, et que ces détails ne peuvent donner lieu à aucun changement dans le réglement général.

Il demande l'ordre du jour.

Un autre convient qu'il y a en effet des objets de détail dans les propositions du préopinant; mais il observe qu'il en est d'autres aussi qui méritent d'être pris en considération : il s'oppose à l'ordre du jour.

Le président met aux voix l'ordre du jour, qui est adopté, et accorde la parole à un membre de la commission des neuf, qui l'avoit demandée.

Ce membre déclare qu'il se croit obligé de renouveler dans cette séance les opinions qu'il avoit déjà émises en comité particulier, sur diverses dispositions du réglement qu'il trouve inconvenantes, inefficaces et inadmissibles;

Que le mot d'*usure*, qui termine l'article X, confirme en quelque sorte le préjugé, que ce vice seroit inhérent aux personnes de notre religion; que ce vice appartient pourtant à l'homme, et non à la religion, qui le réprouve au contraire fortement, ainsi que l'assemblée l'a très-bien établi dans ses réponses;

Que, parce qu'il se trouve quelques usuriers dans certains départemens, il ne faut point consigner dans un réglement qui sera commun à tous les Israélites de l'empire de France et du royaume d'Italie, une expression aussi vague, et d'ailleurs inconvenante sous bien des rapports.

Il trouve inadmissible la disposition de l'article XII qui enjoint aux consistoires de faire connoître à l'autorité ceux qui n'ont point des moyens d'existence avoués. Il pense que cette attribution est de police, et ne peut ni ne doit faire partie des devoirs des consistoires; que ceux-ci, placés souvent à de grandes distances de plusieurs membres de la circons-

cription, ne pourroient que difficilement satisfaire à cette disposition ; qu'enfin les consistoires ne doivent pas être chargés d'une
attribution de police étrangère à la religion ,
attribution qu'il leur seroit impossible de
remplir ; et que , sous ce triple rapport , la
disposition est inadmissible.

Il s'élève ensuite contre celle du même
article qui prescrit aux consistoires de donner
chaque année , à l'autorité , connoissance du
nombre des conscrits israélites de la circonscription. Les consistoires, dit-il, tiendront
donc un registre particulier de l'état civil des
Juifs de leur circonscription ? Il observe que la
loi de la conscription appelle également tous
les Français, n'importe la religion qu'ils professent ; que, d'après les renseignemens donnés
par divers députés, il résulte que les jeunes
Israélites , soumis aux mêmes devoirs que les
autres sujets, les remplissent comme eux ;
que cette disposition tendroit pourtant à faire
croire qu'ils auroient moins de dévouement
pour la patrie ; que cette présomption est
erronée ; que s'il s'en trouve d'ailleurs de
récalcitrans, la loi saura les atteindre ; qu'il
ne faut pas croire que les consistoires aient ,
pour engager la jeunesse à embrasser la carrière des armes, des moyens plus efficaces

que l'autorité locale, qui a tous ses admi-
nistrés sous ses yeux; qu'en outre, vouloir
que l'autorité s'occupe d'une manière plus
particulière d'une classe d'individus professant tel culte, c'est visiblement établir une
différence civile à cause d'une différence
religieuse ; et sous ce rapport, il trouve cette
disposition inadmissible, comme elle est inef-
ficace sous les autres.

Il observe enfin que les consistoires étant
composés aux deux cinquièmes de rabbins,
les charger de veiller à ce que les rabbins
remplissent les devoirs qui leur sont imposés,
c'est en quelque sorte confier la surveillance
à ceux-là même qui doivent être surveillés.

Il manifeste le desir que les articles XXII,
XXIII, XXIV et XXV, soient remplacés
par un seul article ainsi conçu: *Il sera pourvu
aux frais du culte.*

Il se résume à ce que l'on fasse au projet les
modifications indiquées dans ses observations.

Un autre membre trouve que le réglement
renferme des dispositions d'un sens au moins
équivoque: il demande que l'on s'occupe des
changemens nécessaires et d'une nouvelle
rédaction.

L'un des membres de la commission des
neuf justifie les détails et l'ensemble du

projet. Il établit qu'il ne contient aucune disposition qui blesse réellement l'égalité civile.

Il observe que les membres qui opinent contre certains articles, se placent dans une fausse position, parce qu'ils considèrent leurs coreligionnaires sans aucune distinction ; non pas tels qu'ils sont, mais tels qu'ils devroient être ; qu'il s'en faut beaucoup que cela soit dans toutes les parties de la France.

Il croit qu'il est déraisonnable, lorsque l'on a la certitude des vues bienfaisantes qui animent l'autorité publique, lorsque l'on ne peut douter de sa profonde sagesse, de penser qu'elle ait quelque besoin de connoître par nous ce qui convient à l'achèvement de notre régénération ;

Que le mot qui termine l'article X, n'est pas plus avilissant pour les Israélites, que ne l'étoit pour les Genevois la loi de leur république qui interdisoit l'entrée des magistratures aux enfans de ceux qui avoient vécu ou qui étoient morts insolvables, à moins qu'ils n'eussent acquitté les dettes de leurs pères ;

Que l'article XI n'a ni l'importance ni les effets qu'on lui attribue. Le Gouvernement, dit-il, connoît aujourd'hui la population israélite des deux États. Peut-être entre-t-il dans ses vues de vérifier, dans quelques années, si cette population est augmentée ou diminuée. Comment le savoir avec quelque certitude, s'il y a des émigrations de l'étranger, si l'on n'a le moyen de séparer ce qui tient à des causes extérieures, de ce qui tient à des causes naturelles ? Qui nous dit enfin que ce ne soit point un problème de statistique sur lequel le Gouvernement veut être fixé ?

Que d'ailleurs il s'en faut bien qu'il soit inutile que l'autorité établisse un ordre de choses qui prévienne et modère l'affluence trop considérable d'une population étrangère qu'attireroit en France le mal-aise dans lequel elle se trouve par-tout ailleurs, à cause des lois qui l'oppriment ;

Que les alarmes sur l'article XII sont également vaines ; car il ne suffit pas que des pères de famille honnêtes n'aient point des moyens d'existence avoués, pour qu'ils aient à craindre d'être repoussés d'un territoire où ils habitent depuis long-temps.

Un autre membre observe que le reproche que l'on fait au projet, de contenir des dispositions de police, n'est pas fondé ; que si aux yeux de ceux qui professent une religion le réglement qui l'organise n'est considéré que sous le rapport religieux , il n'en est pas de même du gouvernement qui lie cette organisation au système politique ; que, sous ce point de vue, il n'y a pas lieu de s'étonner qu'il y ait des dispositions administratives nécessaires à la garantie sociale.

Un membre annonce qu'il adopteroit le réglement, pourvu que l'on en retranchât le mot d'*usure*. Il fait remarquer qu'une faillite est une chose notoire et constatée par divers faits, mais que l'accusation d'usure n'est que vague ; que ce mot dans cet article confirmeroit un préjugé que nous devons détruire et non avouer.

Il pense que l'article XI peut prêter à de fausses interprétations : il propose une nouvelle rédaction. Il manifeste de plus ses craintes que l'article XII ne fasse renaître cet esprit de communauté qui, autrefois, éloignoit les Israélites de la grande famille de l'État. Il demande qu'on élague de cet article tout ce qui a trait au civil, et que les consistoires n'aient d'autres attributions que celles qui ont directement trait à la religion.

Un second parle dans le même sens. Il donne de nouveaux développemens aux observations du précédent ; repousse les dispositions qui tendent à établir des exceptions ; et demande que l'assemblée adopte les modifications qui lui ont été proposées.

Un troisième propose aussi l'adoption du réglement, sauf les articles X, XI et XII.

Un quatrième demande qu'il soit ajouté au réglement un article sur les comités de bienfaisance qu'il suppose liés au culte.

Un cinquième desire qu'il soit permis de faire des fondations pieuses en rentes sur l'État, avec l'autorisation du Gouvernement, ainsi que les sectateurs des autres cultes sont autorisés à le faire.

Divers membres demandent que le réglement soit mis aux voix ; d'autres, que la discussion soit continuée.

Quelques-uns desirent l'adoption, sauf les modifications proposées. D'autres s'écrient : Aux voix le projet !

Un membre fait la motion que le réglement soit adopté en entier, tel qu'il est présenté, et qu'attendu la confiance entière que nous avons tous dans la haute sagesse et les vues magnanimes de l'autorité souveraine, nous nous bornions à insérer dans le procès-verbal le résumé des motifs qui ont été allégués par divers membres, contre l'article X principalement, afin qu'elle les connoisse et les apprécie.

M. le président met aux voix le réglement par assis et levé, et il est adopté à la majorité.

Il fait ensuite, dans les termes suivans, le résumé des opinions émises sur la partie de l'article X qui déclare que nul ne pourra être membre d'un consistoire s'il est connu pour avoir fait l'usure.

Si l'intention manifeste de sa Majesté est de faire cesser l'abaissement des Israélites, de les incorporer davantage à la généralité des Français, de les rendre à la dignité d'hommes et de citoyens, l'un des moyens de parvenir à ce but, n'est-il pas d'effacer, autant que possible, toutes les nuances qui pourroient fournir à l'opinion publique l'occasion ou le prétexte de les mésestimer, et par-là de retarder l'heureux effet de cette uniformité de mœurs et d'habitudes qui d'une grande nation fait une grande famille ?

Si, dans un acte de l'autorité publique, l'on consigne pour les seuls Israélites une exception qui préjuge contre leur délicatesse et leur moralité en matière de prêt et intérêt, sans distinguer les lieux, les temps, les personnes, n'est-ce pas faire rejaillir sur tous le blâme mérité par quelques-uns ?

Dira-t-on que le préjugé existe, et que la qualification d'*usurier* étant devenue presque, synonyme de celle de *Juif*, l'assimilation ne s'en fera pas moins, soit que le réglement contienne l'exclusion, soit qu'il ne la contienne pas?

Mais si la qualification donnée indistinctement à tous est reconnue souverainement injuste, n'est-ce pas en quelque sorte consacrer un préjugé injurieux à un peuple estimable, et lui donner une durée indéfinie, que d'en placer, pour ainsi dire, le type dans une loi?

Si cette loi n'étoit pas publique, si elle n'étoit pas commune à tous, si elle n'étoit que transitoire, elle ne présenteroit pas les mêmes inconvéniens, et auroit, au contraire, des avantages : mais la loi est pour tous et pour toujours ; pour ceux envers lesquels on la croit nécessaire, et pour ceux envers lesquels elle est inutile, ou qui regardent la disposition dont il s'agit comme un affront qu'ils n'ont pas mérité : mais la vérité est, qu'elle est également inutile pour tous ; car l'on ne peut pas craindre raisonnablement que les vingt-cinq électeurs choisissent jamais pour membres du consistoire, des hommes connus pour avoir fait l'usure ; et si par hasard ils s'oublioient à ce point, l'autorité compétente, qui doit approuver ou désapprouver leurs choix, n'est-elle pas là pour exclure tout usurier ?

Ceux qui bravent assez l'opinion pour faire ce vil métier, ne s'en abstiendront pas afin de devenir membres d'un consistoire. A l'égard de pareils hommes, l'honneur n'est rien : ils ne voient point de honte là où ils voient du profit. La disposition blessera donc les gens de bien, sans corriger les fripons : à l'égard de ces derniers, il faut des mesures tout autrement répressives.

Dira-t-on qu'il importe peu à ceux qui n'ont jamais mérité ce reproche, que l'exclusion subsiste, puisqu'elle ne les regarde pas ? Certes, ce seroit mal juger de ceux qui s'élèvent le plus fortement contre cette partie de l'article, que de leur supposer la crainte qu'on ne leur en fasse l'application ; et c'est précisément par cette raison qu'ils s'en affligent. Sectateurs de la même religion, le réglement les comprend dans la même défiance, et laisse pour des siècles un cachet d'opprobre sur tous ceux qui la professent. L'habitude de l'usure, chez ceux à qui on la reproche, pourra disparoître ; la flétrissure pour tous indistinctement restera à jamais.

D'ailleurs, qui déterminera ce que c'est que l'usure, lorsque les lois ne spécifient rien à cet égard ? Où est le passage entre l'intérêt légal et celui qui ne l'est pas? Interrogera-t-on la notoriété publique? Mais alors comment croire un instant, que les vingt-cinq notables, ainsi que l'autorité compétente, qui doit contrôler leurs choix, tombent également dans l'erreur d'honorer de leurs suffrages un homme que flétrit la notoriété publique?

Que les consistoires des départemens où l'usure s'est faite, et même ceux où elle est inconnue, fassent des réglemens particuliers et locaux pour la proscrire et pour écarter de toute fonction honorifique quiconque se sera déshonoré par ce commerce, rien de plus favorable aux mœurs, de plus conforme à l'esprit social, de plus digne de l'approbation d'un Gouvernement réparateur; cela rentre, d'ailleurs, dans les dispositions des ordonnances du grand sanhédrin. Mais que dans un acte de l'autorité souveraine cette expression flétrissante soit consignée, ce seroit encore une fois avilir à leurs propres yeux et à ceux de leurs concitoyens, des hommes que l'on veut honorer ; ce seroit contrarier les dispositions bienfaisantes du Prince, et retarder la régénération qu'il veut opérer.

Ainsi adopter cette disposition de l'article X en tant qu'elle s'applique à la partie esti-

mable des Israélites des deux États, qui forment une immense majorité, n'est-ce pas dire
en d'autres termes que nul ne pourra être
membre d'un consistoire s'il est connu pour
avoir fait le vol? Supposer la nécessité d'un
pareil motif d'exclusion, n'est-ce pas juger
défavorablement de cent mille individus, et les
croire capables d'honorer jamais de leurs suffrages un certain nombre de misérables qui
se livrent à ce vil métier dans un point de ce
vaste Empire?

Tel est le résumé des différentes opinions
émises dans l'assemblée contre la dernière
partie de l'article X.

M. le président ouvre ensuite la discussion
sur le projet d'arrêté; mais, prévoyant l'impossibilité de terminer la discussion dans cette
séance, on propose l'ajournement, qui est
adopté.

L'un des secrétaires donne connoissance
à l'assemblée d'une pétition que les sieurs
Abraham Cohen et Sara Milliaud ont adressée
à sa Majesté impériale et royale, pour réclamer sa souveraine justice contre un oncle
qui les a dépouillés d'une fortune de plus de
trois cent mille francs, et que la commission
des pétitions du Conseil d'état renvoie à
l'assemblée. Il propose qu'une commission de

cinq membres soit chargée de faire un rapport sur cette affaire. Cette proposition étant adoptée à l'unanimité, M. le président nomme MM. Segre, Cologna, Théodore Cerf-Berr, Castro fils et Avigdor, pour cette commission; il les charge de s'occuper attentivement de cet objet, et d'en rendre compte incessamment à l'assemblée. M. le président lève la séance, et annonce que celle du 11 courant s'ouvrira également à midi.

Séance du 11 décembre 1806.

M. le président ouvre la séance à midi. Il nomme MM. Castro fils et Lorich Hirch commissaires pour maintenir l'ordre dans la salle.

L'un des secrétaires fait lecture du procès-verbal de la séance du 9, qui est adopté sauf quelques amendemens.

M. le président annonce que l'ordre du jour amène la discussion sur le projet d'arrêté dont l'assemblée a déjà entendu lecture.

Le projet est relu, et un membre demande la parole.

Il annonce qu'il a à réclamer contre la délibération prise dans la dernière séance, pour l'adoption du réglement organique de notre culte. Cette délibération , dit-il, n'a pas été prise dans le calme que requéroit l'importance de l'objet. Il observe qu'il avoit été proposé des amendemens sur quelques articles ; que ces amendemens, ayant été appuyés, auroient dû être discutés et préalablement délibérés, avant d'en venir à l'adoption du réglement dans son entier. Il se plaint de ce qu'il n'a pas été fait de contre-épreuve , tandis que cela étoit d'autant plus nécessaire que la délibé-ration avoit été prise par assis et levé , et qu'elle avoit présenté du doute. Il prétend enfin qu'elle est irrégulière , que l'appel no-minal avoit été demandé. D'après ces considé-rations, il vote le rapport de cette délibération.

D'autres membres répondent successive-ment que la délibération est régulière ; que ce qui est irrégulier, c'est qu'une minorité veuille prévaloir sur la majorité ; qu'à l'épreuve par assis et levé, les voix avoient été comptées, et la majorité constatée ; que le bureau, inter-rogé à cet effet, avoit formellement déclaré qu'il y avoit majorité. Ils demandent en con-séquence que l'on passe à l'ordre du jour.

Un membre s'y oppose, et soutient que la délibération est irrégulière. Deux autres appuient son assertion, qui est combattue par un quatrième.

On demande enfin que l'assemblée soit consultée sur la question de l'irrégularité, et que l'on y procède par l'appel nominal. Cette proposition étant appuyée, on procède à l'appel nominal : il en résulte que sur soixante-un votans, quarante-cinq déclarent la délibération régulière ; douze, irrégulière ; et quatre s'abstiennent de voter.

M. le président ouvre la discussion sur le projet d'arrêté. Un membre fait diverses observations sur ce projet : il pense que le concours des consistoires pour déterminer la jeunesse israélite à embrasser la profession des armes est une présomption contre les dispositions de cette même jeunesse à servir son pays ; il croit que c'est porter sur elle un jugement défavorable sans motif suffisant. Il observe que beaucoup de conscrits israélites sont actuellement à l'armée ; que d'autres s'y sont rendus même avant l'âge requis ; qu'il connoît personnellement dix-sept officiers israélites des départemens du Nord ; que ce qui peut faire croire qu'il n'y a pas un si grand nombre de conscrits de notre croyance, c'est la répugnance qu'ils ont de s'avouer pour Israélites dans leurs corps respectifs, où, du moment qu'ils y entrent, ils prennent un nom de guerre sous lequel ils sont uniquement connus. Enfin il ne pense pas que, toute proportion gardée, les Israélites soient aux armées en moindre nombre que les autres classes de la société.

Un autre membre parle dans le même sens, et regarde comme une distinction humiliante le soin donné aux consistoires sur un objet où la loi statue, et où elle ne fait acception de personne.

Diverses rédactions sont proposées à cet égard, et l'assemblée préfère celle qui termine l'arrêté tel qu'il se trouve consigné dans le précédent procès-verbal.

Un membre observe que, dans ce projet d'arrêté, aucun *considérant* ne motive le vœu de l'assemblée pour que sa Majesté daigne concourir elle-même au salaire des rabbins.

Une discussion s'élève à cet égard. Le président annonce que, vu l'impossibilité de la terminer dans cette séance, elle sera continuée dans celle de lundi prochain.

Séance du 15 décembre 1806.

M. le président ouvre la séance à midi. L'un des secrétaires donne lecture du procès-verbal de la dernière séance, qui est adopté sans réclamation.

Un membre demande la parole, et dit qu'on a omis dans le procès-verbal de l'avant-dernière séance, de faire mention de M. Michel Berr comme membre de la commission chargée de faire le rapport sur la supplique que le sieur Abraham Cohen a adressée à sa Majesté impériale et royale, que la commission des pétitions du Conseil d'état a renvoyée à l'assemblée.

Un membre de cette commission répond qu'elle a été seulement composée de cinq membres; que cependant elle desire que cette circonstance ne la prive pas des lumières de M. Michel Berr; qu'elle l'invite même, par son organe, à vouloir bien se rendre à ses réunions. M. le président réitère à M. Michel Berr la même invitation. Il annonce ensuite que l'ordre du jour amène encore la discussion sur le projet d'arrêté lu dans la séance du 9, et discuté aussi dans la dernière du 11.

Un membre propose que la discussion soit fermée, et que le projet d'arrêté soit mis aux voix.

Un autre demande que dans ce projet d'arrêté l'assemblée émette un vœu pour obtenir de la justice de sa Majesté impériale et royale les modifications qu'elle jugera équitable de faire au décret de sursis du 31 mai dernier, dont les effets font beaucoup souffrir la presque généralité des habitans des huit départemens qui y sont mentionnés, à cause de l'extension qu'on lui donne, extension contraire à l'esprit de la loi et au but du législateur.

Un second observe que cette supplique exige un travail particulier. Il demande qu'on délibère d'abord sur le projet d'arrêté, et que l'on discute ensuite l'objet relatif au sursis. Cette proposition étant appuyée, le président met aux voix le projet d'arrêté : il est adopté à la majorité.

M. le président annonce que la discussion au sujet du sursis est ouverte. Un membre demande que l'on nomme une commission qui sera chargée de s'occuper de cette affaire, et d'en rendre compte à l'assemblée. Un autre propose de confier cet objet délicat à la commission des neuf. Un second partage cette opinion, et demande par amendement qu'un membre de chaque département soit joint à la commission des neuf, à l'effet de fournir à cette commission des renseignemens propres à donner à son travail le degré de perfection dont il est susceptible. Cette proposition étant adoptée, M. le président nomme MM. Cerf Jacob Goudchaux, pour le département de la Moselle; Hirtz Loep Lorech, pour celui du Mont-Tonnerre; Abraham Cahen, pour celui du Bas-Rhin; Calman, pour celui du Haut-Rhin; Lyon Marx, pour celui de Rhin-et-Moselle; Salomon Oppenheim, pour celui de la Roer; Jacob Hirch, pour celui de la Sarre; Isaac-Louis May, pour celui des Vosges.

Le président invite les membres nommés à se concerter ensemble pour déterminer le jour où ils pourront se réunir à la commission. Il prévient ensuite l'assemblée qu'on va faire l'appel nominal pour procéder, au scrutin secret, à la nomination de deux membres laïques pour le grand sanhédrin, en remplacement de MM. Jacob Benjamin et Daniel Levy, démissionnaires. Sur soixante-un votans, M. Baruch Cerf-Berr ayant réuni quarante voix, le président le proclame membre du grand sanhédrin.

L'assemblée procède ensuite à un second scrutin pour la nomination du second membre.

Sur soixante-un votans, M. Émilie Vitta réunit vingt-six voix, et M. Abraham Cahen vingt-huit. Aucun n'ayant réuni la majorité des suffrages, le président annonce à l'assemblée qu'il faut procéder au ballottage entre ces deux membres. Le dépouillement de ce dernier scrutin donne pour résultat vingt-huit voix à M. Émilie Vitta, et trente-huit à M. Abraham Cahen. En conséquence, M. le président proclame ce dernier membre du grand sanhédrin.

L'assemblée s'occupe ensuite de la nomination de six suppléans laïques pour le grand sanhédrin. Elle délibère que cette nomination se fera à la pluralité relative. On procède à cette opération, et le dépouillement du scrutin donne quarante-sept voix à M. Ottolenghi, quarante-sept à M. Ghidiglia, trente-huit à M. Émilie Vitta, vingt-sept à M. Dreyfoss, vingt à M. Hirch, et seize à M. Félix Levy. Ces six membres ayant obtenu la pluralité relative, M. le président les proclame suppléans au grand sanhédrin.

Un des secrétaires donne lecture d'une adresse de Francfort sur le Mein, souscrite par deux cent cinq individus. L'assemblée applaudit à cette lecture. Un membre demande qu'elle soit insérée au procès-verbal, et que M. le président soit prié de répondre aux signataires de ladite adresse, et de leur exprimer le vœu sincère de l'assemblée pour que toutes les puissances veuillent bien adopter, relativement aux Israélites, les mêmes principes de justice et d'humanité, dont la France leur donne aujourd'hui l'exemple. Cette proposition est adoptée à l'unanimité, et la séance levée.

Adresse des Israélites de Francfort sur le Mein, au président et à l'assemblée des députés de ceux de France et du royaume d'Italie.

M. LE PRÉSIDENT,

« Nous ne pouvons garder plus long-temps un silence démenti par nos sentimens et nos vœux. La convocation de l'assemblée que vous présidez, nous avoit d'abord inspiré de la joie et de flatteuses espérances. Ses réponses aux questions du grand Monarque ont excité notre juste admiration : elles décèlent des hommes pénétrés tout-à-la-fois du véritable esprit de la religion, et des devoirs du citoyen vertueux. On y aperçoit la droiture de négociateurs animés de ce caractère conciliant, si propre

à aplanir les difficultés. Les Israélites répandus dans l'immensité de l'Empire français
avoient déjà eu le bonheur d'être rétablis dans
les droits sacrés de la nature. La grande nation
avoit déjà brisé les fers d'un peuple trop long-
temps esclave, et détruit la barrière funeste
qui le séparoit de ses frères ; elle avoit rendu
à la patrie des défenseurs qu'elle mécon-
noissoit, et à l'État des citoyens utiles : mais
la jouissance de cet inappréciable bienfait
éprouvoit encore des entraves, et il étoit
réservé à l'immortel NAPOLÉON d'achever
votre bonheur.

» Son vaste génie vit bien qu'il falloit épurer
la religion et réformer les abus. Cependant,
afin d'écarter tout soupçon qu'il voulût donner
la moindre atteinte à notre antique croyance,
il vous appela pour délibérer avec vous,
comme un père avec ses enfans, sur votre
plus grand intérêt. Puisse le bel exemple de
la France franchir les limites de son Empire!
Puisse l'humanité de son souverain s'étendre
sur toute la terre, et produire, non une stérile
admiration, mais une louable émulation qui
nous assimile à nos frères! Puissent les ar-
bitres du genre humain prêter une oreille sensible aux cris plaintifs de la nature outragée!
O bonté divine, daigne jeter encore un regard

propice sur un peuple jadis l'objet de tes grâces! Inspire les maîtres du monde, touche leurs cœurs en faveur d'Israël!

» Et vous, qui êtes assemblés pour opérer le bonheur de vos frères, ne laissez point ralentir votre zèle : secondez avec ardeur les sublimes intentions de votre auguste bienfaiteur. Si l'insensé réprouve vos travaux, le sage vous comble de bénédictions. Consommez le grand œuvre pour lequel vous êtes appelés. Une gloire immortelle vous attend au bout de la carrière.

» Nous desirerions, M. le président et MM. les députés, pouvoir mieux vous exprimer notre satisfaction et nos vœux ardens pour le succès de vos travaux.

» Agréez, comme une preuve de l'intérêt que nous prenons à ceux-ci, nos remercîmens et nos respects. »

Séance du 23 décembre 1806.

Le président ouvre la séance à midi : l'un des secrétaires donne lecture du procès-verbal de la séance du 15 ; il est adopté sans réclamation.

Il fait lecture d'une lettre du 2 de ce mois
de M. J. Belluomini, ministre de leurs Altesses
impériale et sérénissime le prince et la prin-
cesse de Lucques et de Piombino, résidant
près de sa Majesté l'Empereur des Français
et roi d'Italie, dans laquelle ce ministre informe M. le président que, d'après de nouvelles maximes adoptées par son Gouvernement, il sera libre à tout individu professant
la religion hébraïque, de s'établir et d'acheter
des biens-fonds dans les principautés de Lucques et de Piombino, où ils jouiront de la
même protection et des mêmes facilités que
les propres sujets de leurs Altesses impériale et sérénissime. Ce ministre invite le
président à faire connoître ces dispositions
à tous les députés de l'assemblée et du grand
sanhédrin, ainsi qu'à tous autres Israélites
avec lesquels il auroit occasion de correspondre.

L'assemblée applaudit à cette communication, et arrête que le président, en répondant au ministre de leurs Altesses impériale
et sérénissime, exprimera la respectueuse
reconnoissance des députés de l'assemblée
pour les nouvelles maximes d'humanité et de
justice adoptées par leurs Altesses impériale
et sérénissime.

Le même secrétaire donne aussi lecture d'une lettre de l'université des Israélites de Livourne, souscrite par M. Pellegrin-Isaac Worms, magistrat de cette respectable université, et par M. G. Delvechio, chancelier.

Cette lettre étant écrite dans les deux langues italienne et hébraïque, différens membres demandent qu'elle soit traduite en français et insérée au procès-verbal : cette proposition est adoptée unanimement.

M. Théodore Cerf-Berr, rapporteur de la commission nommée au sujet du renvoi fait au président par la section des pétitions du Conseil d'état, de celle que le sieur Abraham Cohen a adressée à sa Majesté impériale et royale, monte à la tribune, et s'exprime en ces termes :

MESSIEURS,

Vous avez chargé votre commission de prendre connoissance des réclamations adressées par Abraham Cohen, et Sara Milliaud sa femme, au Gouvernement, qui les a renvoyées à cette assemblée.

Votre commission a dû se pénétrer d'abord des motifs qui avoient pu déterminer ce renvoi; et il lui a été impossible de n'y pas reconnoître un témoignage bien précieux d'estime et de confiance qui honore cette assemblée. Le but de Cohen et sa femme étant d'obtenir, vis-à-vis d'un oncle opulent, auquel ils se sont, pour ainsi dire, trouvés contraints par les circonstances de céder leur patrimoine, un supplément de prix que les tribunaux, vaincus par les formes, leur ont refusé à regret, il est sensible que le Gouvernement, auquel ils ont porté leurs touchantes réclamations, a voulu, en vous faisant intervenir entre des parens si proches, et malheureusement si divisés, faire agir la force morale qui est en vous, et les moyens de conviction que vous donnent tout-à-la-fois votre réunion et votre caractère.

C'est ainsi que le puissant emploie quelquefois le secours du foible pour déterminer le succès auquel il aspire.

En examinant sous son véritable point de vue la pétition de Cohen et de sa femme, vous verrez que la mission si honorable qui vous est donnée, rentre, à certains égards, dans les vues d'équité naturelle, de morale publique, et dans les principes de la religion.

En effet, ces deux pétitionnaires exposent qu'enfans d'un père commun ils ont, en l'an 3, traité malheureusement de leurs droits héréditaires avec Jassehain Cremieu, leur oncle, habitant du ci-devant Comtat d'Avignon; que ces droits s'élevoient à 300,000 francs, valeur fixe; qu'ils les ont abandonnés par l'ignorance où ils étoient des moyens dont ils auroient pu faire usage, moyennant une foible somme de 74,000 francs, assignats, qui représentoit à peine 2,700 francs en numéraire.

Ils ajoutent avec franchise, que depuis ils se sont pourvus contre ce traité dans les divers tribunaux, mais qu'ils ont échoué dans tous par l'empire des formes, et parce qu'on a cru que le titre de *transaction sur procès* fournissoit contre eux un obstacle qu'on a regardé comme insurmontable.

Ils pensent que leur oncle peut encore être traduit au tribunal de l'équité; que la voie de l'honneur et celle de la religion peuvent et doivent le ramener à cette indestructible et éternelle considération du juste et de l'injuste; et qu'il ne pourra se défendre de leur faire des restitutions, du moins partielles, si elles lui sont demandées par votre organe protecteur.

Sans doute, Messieurs, nous n'avons pas en nous-mêmes le droit de nous immiscer dans aucune discussion de famille; et nous nous serions bien gardés de vous le proposer,

si l'autorité supérieure ne nous en avoit, en
quelque sorte, fait un devoir.

C'est donc sous les auspices de cette autorité tutélaire, qui ne s'est déployée encore
en faveur d'aucune autre réclamation de ce
genre, et qui sans doute a été bien frappée
de la justice de celle-ci, puisqu'elle a voulu
elle-même connoître votre opinion, que nous
croyons que c'est une obligation qui vous est
prescrite par la fonction même que vous
exercez; que de répondre aux vues paternelles
du Gouvernement, en accordant à deux infortunés votre médiation, dans les termes
sur-tout que comporte votre existence politique.

Il est digne de cette assemblée de consacrer
la circonstance heureuse de sa réunion solennelle à une œuvre d'humanité, de bienfaisance et de justice, pour rappeler fraternel-
lement un oncle à ce qu'il doit à ses malheureux neveux, à ce qu'il se doit à lui-même.
C'est, nous n'en doutons pas, remplir la tâche
si noble tout-à-la-fois et si touchante qui
nous est imposée.

Nous avons, au reste, balancé, avec la plus
exacte équité, la mesure du *sacrifice* que nous
pensions que Jasschain Cremieu devoit faire
en faveur de ses malheureux neveux. Nous

avons trouvé qu'il étoit sage qu'il leur payât d'abord une somme qui pût les indemniser d'une partie au moins des dépenses qu'ils avoient été obligés de faire depuis dix années, et qu'en même temps il s'assujettît à leur payer une pension viagère qui pût les mettre à l'abri du besoin, et leur assurer un moyen d'existence dont personne n'eut jamais le droit de les dépouiller. Ce dédommagement est sans doute bien foible pour compenser la perte énorme qu'ont faite les malheureux Cohen, en se voyant enlever un patrimoine de cent mille écus : mais nous avons réfléchi que, rigoureusement et d'après le texte des lois, Jassehain Cremieu n'étoit tenu à rien envers eux; qu'il n'étoit lié aujourd'hui à des sacrifices que par l'honneur, l'humanité, la religion, la justice; et qu'en exigeant de lui un acte de condescendance qui l'honoreroit nécessairement à ses propres yeux comme aux vôtres, il y avoit cependant à cette condescendance même, des bornes que les sentimens si louables qui vous animent, ne vous permettoient pas de franchir.

Dans cette intime conviction, votre commission a l'honneur de vous proposer, à l'unanimité, l'avis suivant :

L'ASSEMBLÉE des Israélites français et du royaume d'Italie, prenant en haute considération le renvoi qui lui a été fait par la section des pétitions du Conseil d'état, de la supplique adressée à sa Majesté par Abraham Cohen et Sara Milliaud, son épouse, relativement aux droits successifs de l'un et de l'autre, dont Jassehain Cremieu, leur oncle, est en possession;

Considérant que si la rigueur de la loi civile a déterminé les tribunaux à maintenir la transaction par laquelle Cremieu s'est fait céder ces droits successifs, l'équité n'en réclame pas moins contre l'insuffisance évidente du prix de la cession;

Qu'il est, en effet, contraire aux principes de la morale et de toute religion, que l'on puisse ainsi s'enrichir au détriment d'autrui;

Que Cremieu, sur-tout, en sa qualité d'oncle, ne peut conserver le patrimoine de ses neveu et nièce, pour la chétive somme qu'il leur a comptée, sans s'écarter des devoirs que lui imposent l'humanité, la délicatesse et l'honneur;

Qu'il le peut d'autant moins, que les maximes religieuses que nous professons avec lui dans un culte commun, prohibent sévèrement toute espèce d'usure ou d'abus dans les

11 *

transactions, et nous enseignent d'y observer la plus scrupuleuse égalité ;

Considérant que, réunis, par la bienveillance de notre auguste Souverain, en un corps d'assemblée spécialement destiné à rappeler cette pureté de doctrine et en recommander l'exacte observation, nous devons nous montrer jaloux de lui donner des preuves de notre zèle empressé à entrer dans ses vues ;

Qu'à ce titre c'est pour nous une véritable obligation d'intervenir entre les parties, pour les amener à une conciliation équitable,

L'assemblée est d'avis que, sans préjudice de l'exécution des actes passés entre Jassehain Cremieu, et Abraham Cohen et Sara Milliaud, et sous la foi de cette exécution même, Jassehain Cremieu sera invité, au nom de cette assemblée, au nom de la religion et de l'honneur, de venir avec Cohen et sa femme à un réglement supplémentaire, tel qu'il fournisse à ceux-ci les moyens d'acquitter leurs dettes et de se sustenter. A cet effet, l'assemblée vote, comme terme conciliatoire, une somme de vingt-cinq mille livres, une fois payée, et une pension alimentaire de quinze cents livres, qui sera déclarée reversible sur la tête du mari et de la femme, et en même temps insaisissable et incessible.

L'assemblée aime à se persuader que ces supplémens du juste prix ne paroîtront pas exorbitans à Cremieu, et qu'il s'empressera, en les accordant, de seconder les vues de cette assemblée, qui paroissent être aussi celles du Gouvernement.

L'assemblée invite son président à envoyer extrait du procès-verbal de ce jour, et l'arrêté ci-joint, à la section des pétitions du Conseil d'état.

Cette lecture achevée, un membre demande la parole, et observe que l'identité des noms pourroit faire croire que M. Saül Cremieux, notre collègue, député du département de la Seine, pourroit avoir quelque chose de commun avec Jassehain Cremieu dont il est parlé dans le rapport qui vient d'être fait ; il déclare à l'assemblée que notre collègue n'est ni parent ni allié de celui dont il s'agit, et ne le connoît même point.

Plusieurs membres applaudissent à cette déclaration, et demandent qu'elle soit insérée dans le procès-verbal ; ce qui est adopté.

Un membre rend hommage aux principes et aux vues consignés dans le rapport : mais il demande si la commission a pris connoissance des documens de cette importante affaire, si elle a eu sous les yeux des pièces qui lui aient permis de fixer impartialement son opinion.

Un autre observe que l'assemblée ne doit point connoître d'affaires d'intérêt , parce qu'elle n'est point un tribunal. Il cite ce texte de la loi de Moïse, qui veut que dans toute affaire litigieuse les deux parties soient entendues : il vote pour qu'on passe à l'ordre du jour.

Un autre soutient avec chaleur la même opinion ; il demande si l'assemblée peut se constituer en tribunal ; il observe que nous sommes tous régis par les mêmes lois, et qu'en matière civile le code seul doit prononcer.

Un membre observe qu'il ne s'agit point d'une décision, mais d'une intervention. Il suppose que l'examen des pièces a été fait par la section du Conseil d'état qui a fait le renvoi, et que ce motif et le sentiment de l'humanité suffisent à ses yeux pour que l'on ne puisse refuser d'intervenir dans cette affaire.

Un membre de la commission monte à la tribune, et satisfait à cet égard le préopinant, ainsi que l'assemblée. Il dit que l'objet de la commission dans l'examen de cette affaire n'a été ni pu être de remettre en question ce qui

avoit déjà été jugé par les tribunaux , mais
seulement de se convaincre si Abraham
Cohen avoit réellement obtenu par des jugemens en première , en seconde instance , et
en cassation , le droit incontestable de venir
à partage d'une succession dont l'émolument
pour lui devoit s'élever à environ trois cent
mille francs, valeur fixe; s'il n'avoit pas tran-
sigé de ses droits moyennant soixante - qua-
torze mille francs en assignats; et si, à l'é-
poque de cette transaction, ces assignats re-
présentoient une valeur effective d'environ
deux mille sept cents francs.

Pour se convaincre de ces faits, la commission a pris connoissance des jugemens
rendus , et des motifs sur lesquels ils sont
fondés. Elle a vu quelle barrière la rigueur
des formes a opposée à une juste restitution
contre une lésion si énorme. Elle s'est assu-
rée que la misère, la foiblesse, l'ignorance,
avoient pu seules y faire consentir l'une des
parties ; que par-là elle avoit été entraînée
dans une erreur déplorable, qui l'a dévouée
depuis à la plus extrême misère ; que si cette
situation de Cohen et de sa femme, et l'examen de la cause qui l'a produite, ne permettent pas de balancer à émettre l'avis que propose la commission, la conscience, la religion

et l'honneur ne sollicitent pas moins impérieusement, de la part de leur oncle, une adhésion pleine et entière à la composition proposée.

Quelques membres font des observations au sujet de la forme que l'assemblée doit donner à son intervention dans cette affaire.

Un membre observe à cet égard, que cette intervention de la part de l'assemblée est purement officieuse ; qu'elle résulte nécessairement de la nature du renvoi qui lui a été fait par la section des pétitions du Conseil d'état, qui fera du vote de l'assemblée l'usage qu'elle croira convenable ; qu'il est possible que l'autorité publique daigne faire connoître par quelqu'un de ses délégués à Jassehain Cremieu le terme conciliatoire proposé par l'assemblée, et que dès-lors il n'est pas permis de croire que ce particulier opulent refuse d'y déférer ; que, dans tous les cas, l'assemblée aura fait ce que son devoir, la justice et l'humanité lui commandent ; qu'enfin, ce devoir sacré une fois rempli en ce qui nous concerne, ce sera à l'autorité à prendre le moyen de porter le sieur Cremieu à accéder à la composition équitable contenue dans l'avis de la commission.

Le président met le projet de la commission aux voix, et il est adopté à la presque unanimité.

M. Félix Levy, membre de la commission nommée dans la dernière réunion de l'assemblée en comité général, à l'effet de se rendre chez S. E. M.ˢʳ le Ministre de l'intérieur, et de lui remettre la lettre de M. le président relative au salaire des députés à l'assemblée, l'informe que son Excellence désire connoître le nom des départemens qui se refusent au paiement de leurs députés, et qu'elle a daigné annoncer qu'elle suspendroit jusqu'alors toute détermination à cet égard.

Un membre demande que le président nomme une commission, et qu'elle soit chargée de prendre tous les renseignemens nécessaires pour satisfaire à la demande de S. E. M.ˢʳ le Ministre de l'intérieur.

Un autre présente un projet de répartition générale pour le paiement de tous les députés. L'assemblée témoigne spontanément sa répugnance pour toute mesure qui tendroit à former une seule masse des Israélites de France et d'Italie, et à faire une répartition générale. A ce sujet, le plus grand nombre des députés déclarent successivement être d'accord avec leurs coreligionnaires des départemens auxquels ils appartiennent, et demandent que les députés qui auroient des réclamations à faire s'adressent à M. le président, qui en donnera connoissance à S. E. Mgr le Ministre de l'intérieur; cette proposition est adoptée.

M. le président donne ensuite connoissance à l'assemblée de la réponse qu'il se propose de faire à l'adresse de nos coreligionnaires de Francfort, conçue en ces termes:

A MM. J. J. Oppenheim, J. Cildesheim, Daniel Elias Ulman, Woelf Schnapper, David Cassel, et Salomon Flaschin.

Paris, le 27 décembre 1806.

Messieurs,

« J'ai donné communication à l'assemblée que je préside, de la lettre que vous m'avez fait l'honneur de m'écrire le 25 du mois passé, ainsi que de l'adresse qui l'accompagnoit.

» L'assemblée, Messieurs, en a entendu la lecture avec un grand intérêt, et a donné de justes applaudissemens aux sentimens et aux vœux qui y sont exprimés avec tant de noblesse.

» Elle a cru vous rendre un hommage

mérité, en votant à l'unanimité l'insertion de votre adresse dans son procès-verbal, et en me chargeant, comme président, de vous remercier, au nom de tous, de l'honorable approbation que vous donnez à nos travaux.

» Nous avons fait ce que les circonstances ont permis ; nous eussions fait plus et mieux, si quelque chose de ce qui se passe aujourd'hui avoit eu lieu vingt-cinq ans avant.

» Cependant un concours simultané de circonstances semble présager d'heureux résultats dans un avenir peu éloigné.

»La Providence, Messieurs, nous a comblés d'une faveur toute particulière, en inspirant au grand homme qui nous gouverne l'idée de faire cesser notre abaissement. De tous les arcs de triomphe qu'on élève de toutes parts à sa gloire, celui de notre restauration dans tous les droits de la nature et de la société ne sera pas le moins durable.

» L'impulsion donnée par la France, l'influence d'opinion et de puissance qu'elle exerce sur le continent européen, nous permettent d'espérer que son exemple sera imité par plusieurs États, qui se glorifieront de suivre ce modèle.

» Le temps viendra où nous ne verrons plus de ridicules ou d'odieuses passions se complaire dans les humiliations qu'elles nous faisoient subir.

» La carrière de l'estime et de la considération nous est ouverte. Entrons-y la tête haute et la conscience pure; dépouillons-nous de la rouille de nos propres préjugés, et nous vaincrons ainsi les préjugés des autres.

» Nous avons parmi nos coreligionnaires trop de marchands et de banquiers; pas assez de propriétaires de terres, d'artisans, et surtout de laboureurs et de soldats.

» Nous devons tous former des vœux pour qu'il entre dans les intentions législatives des souverains, de nous diriger vers l'exercice de ces professions.

» Vous partagez sans doute, Messieurs, nos opinions à cet égard; le bon esprit qui règne dans votre adresse nous en est un sûr garant, comme il doit l'être pour vous des sentimens distingués de tous les membres de notre assemblée, et en particulier de celui qui a l'honneur d'être,

» Messieurs,

» Votre très-humble et obéissant serviteur. »

Cette lettre est applaudie et approuvée à l'unanimité ; et sur la proposition d'un membre, l'assemblée délibère qu'elle sera insérée dans le procès-verbal.

M. lé président lève la séance à trois heures.

Séance du 5 février 1807.

M. le président ouvre la séance à midi. Il annonce qu'un des secrétaires va donner lecture de la rédaction des décisions doctrinales qui doivent être soumises au grand sanhédrin.

Après cette lecture, M. Avigdor demande la parole : il prononce le discours ci-après, et le projet d'arrêté qui le suit :

MESSIEURS,

Nous approchons du jour où doit s'ouvrir le grand sanhédrin. Ce jour ne sera pas un des moins mémorables de l'histoire de ce Héros par l'ordre duquel vous êtes ici réunis.

L'idée d'un sanhédrin ne pouvoit être conçue que par le grand NAPOLÉON : il a vu dans la formation nouvelle de ce sénat, si célèbre dans l'antiquité, le moyen de nous guérir nous-mêmes de nos préjugés, et de détruire dans le monde ceux qu'on a eus et qu'on pourroit avoir encore contre nous.

Cette conception philantropique est digne de ce grand homme, qui ne peut exclusivement appartenir à aucune classe, à aucune religion, ni à aucun peuple ; de ce génie sublime, qui est pour le genre humain un présent de la Providence, et dont l'influence bienfaisante doit être sentie par tous les hommes.

Pénétrés de sa volonté et de votre devoir, vous réaliserez assurément son attente et celle de vos coreligionnaires.

Messieurs, Israël a été persécuté pendant plusieurs siècles ; pendant plusieurs siècles il a été tenu dans un état d'abaissement et d'humiliation. Vous devez avoir le courage de rechercher la cause de cette horrible situation ; et en remontant à l'antiquité la plus reculée, vous devez ne pas craindre de rechercher les motifs qui ont fait haïr, mépriser et persécuter des hommes dont l'origine se perd dans la nuit des siècles, et dans la législation desquels tous les peuples de la terre sont venus puiser.

Égyptiens, Grecs et Romains, tous ont mis à contribution les lois de Moïse. Les nations modernes en ont fait la base de leur religion ; et néanmoins ces différens peuples ont successivement et également haï, méprisé et persécuté les Israélites.

D'où peut donc provenir cet accord presque général des peuples contre nous?

Devons-nous en attribuer la cause à notre religion, ou à nous-mêmes ? Mais, de l'aveu général, notre religion est divine; et quant à nous, quoi qu'on en dise, nous ne sommes pas d'une nature différente du reste des hommes.

Où est donc la cause de cette haine si en-racinée et si constante?

Messieurs, ne la cherchez point dans votre origine ; ne la cherchez point dans vos lois; ne la cherchez point dans vos mœurs.

Votre origine remonte jusqu'à la première antiquité; vous seuls menez l'homme jusqu'au berceau du monde ; vos lois portent avec elles le type de la justice de ce grand Dieu qui en est l'auteur; et vos vertus privées, même après plusieurs siècles de souffrances et de malheurs, sont encore aujourd'hui un témoignage vivant de la pureté de vos mœurs.

Ce n'est donc ni à votre origine, ni à vos lois, ni à vos mœurs, que vous devez attribuer ce concert de haine des nations contre vous : c'est à l'ignorance, d'abord, des premiers

siècles, à la jalousie, vice de tous les temps,
et à l'effet trop naturel d'un préjugé d'habitude sur les hommes en général.

Il suffit, pour se convaincre de cette vérité,
de jeter un coup-d'œil rapide sur les époques
marquantes de votre histoire, et d'examiner
vos rapports avec les différentes nations parmi
lesquelles vous avez vécu.

Vous voyez d'abord qu'Abraham a été le
premier à faire connoître l'existence et l'unité
d'un Dieu qui a tout créé de sa seule volonté.

Quelques années après, Joseph, arrière-
petit-fils d'Abraham, devient, par ses talens,
l'arbitre de l'Égypte et des pays limitrophes.

Cette élévation subite de Joseph, considérée sous le rapport politique, peut être
regardée comme le premier germe de cette
haine étonnante qui s'est perpétuée jusqu'à
nos jours, et que la différence de religion a
continué d'alimenter.

Tout le monde connoît ces expressions de
Pharaon à Joseph, et aux grands et savans de
sa cour: il dit, en se tournant vers ceux-ci:
» Est-il, parmi vous, un homme doué de
» l'esprit divin comme lui[1]? »

Et puis, en s'adressant à Joseph : « Puis-

[1] Genèse, chap. XLI, verset 38.
[2] *Ibid.* versets 39 et 40.

» qu'il n'est aucun d'aussi intelligent ni
» d'aussi savant que toi, tu seras à la tête
» de ma maison et de l'administration de
» mon royaume; le trône seul sera au-dessus
» de toi. »

Ces mots, prononcés avec beaucoup de dignité, durent être vivement sentis par tous les courtisans de ce prince.

Déchus, à la fois, dans l'opinion d'un monarque aussi puissant, assujettis à un étranger, le désir injuste de se venger de tant d'affronts dut être le seul sentiment qu'ils conçurent; mais ne pouvant assouvir contre Joseph leur vengeance, ils en firent sentir, par la suite tout le poids à ses descendans.

Ainsi l'ignorance et la jalousie furent d'abord les premières causes des cruautés et des persécutions que les Israélites eurent à souffrir de la part des Égyptiens.

Moïse les délivre du joug de ces oppresseurs, et conduit son peuple jusqu'aux frontières de cette terre qui avoit été promise à Israël, mais dont il falloit qu'il fît la conquête.

C'est là que cet élu de Dieu, averti de sa fin prochaine, confie à Josué le sort des Hébreux. C'est sous le commandement de ce digne successeur de Moïse, qu'Israël entre dans la terre de Canaan. C'est là qu'il se fixe, et que l'univers voit, pour la première fois, un code régulier de lois civiles, politiques et religieuses, mis en pratique ; c'est là encore qu'après de longues et pénibles vicissitudes, Israël reconnut enfin que le Gouvernement monarchique est le seul qui convienne à un peuple à la fois militaire, agricole et commerçant.

Toutefois, cette conquête n'ayant pu se faire sans une grande effusion de sang, les vaincus, fugitifs et chassés de leurs terres, ont naturellement dû haïr un peuple ennemi de l'idolâtrie, et qui s'étoit rendu maître de leur pays à force ouverte.

Salomon, troisième roi d'Israël, parvint pourtant, par sa sagesse, à une paix extérieure, et réussit dans l'intérieur, à inspirer à ses sujets l'amour des sciences, des arts et du commerce.

La description qui nous reste du temple que ce grand roi fit élever au vrai Dieu, le détail des ornemens magnifiques qui le décoroient, sont autant de preuves que Salomon avoit déjà porté le commerce, les sciences et les arts, à un degré très-élevé, et que, probablement, aucun peuple encore n'avoit atteint.

Le peuple d'Israël, devenu par ses connoissances, le lien de communication entre l'Orient et l'Occident, arrive au degré de splendeur et d'opulence qui devoit être la suite de cet avantage ; le désir de le dépouiller, que ses voisins jaloux ont dû continuellement nourrir, a été, sans doute, la seconde cause de cette animosité active dont il n'a jamais cessé d'éprouver les hostiles influences jusqu'à cette époque, d'horrible mémoire, où la ville sainte tomba sous les armes des Romains.

Dès-lors Israël cessa d'être nation, et ne fut plus qu'un peuple dispersé par toute la terre.

On peut croire que la Providence voulut punir ce peuple, que la prospérité paroissoit avoir éloigné de ses voies ; mais, du moins, elle ne voulut pas l'exterminer : aggloméré sur un seul point du globe, il eût été anéanti d'un seul coup ; dispersé sur les quatre parties du monde, il a été sauvé pour toujours.

Après dix-huit siècles de persécutions, une fraction d'Israël a été identifiée à la grande nation. Il étoit réservé au plus grand des monarques de mettre le sceau de la justice sur cette loi, une des plus justes de l'assemblée constituante. Il étoit réservé à un Prince chrétien de faire exécuter cette tolérance, si soigneusement recommandée par la morale chrétienne.

En effet, rien de moins extraordinaire dans l'ordre naturel des passions humaines, que l'acharnement des anciens peuples contre les Juifs.

Les Égyptiens, d'abord subjugués par Joseph ; les Égyptiens adorant un bœuf, un chien, un crocodile, ne pouvoient pas aimer un peuple qui ne reconnoissoit que le vrai Dieu.

Les idolâtres Cananéens, vaincus et chassés de leur terre par les Juifs, ne devoient pas non plus les aimer.

Ils ont dû, au contraire, les haïr, sous le rapport politique, et les abhorrer, sous le rapport religieux.

Les Grecs, qui assassinèrent froidement et juridiquement Socrate, parce qu'il enseignoit l'existence d'un seul Dieu, devoient détester les Juifs professant publiquement le culte d'un Dieu unique.

Les Romains, enfin, croyant aux oracles, aux devins, aux augures et aux auspices, pouvoient-ils aimer les Juifs, qui leur avoient résisté opiniâtrément plus qu'aucune autre nation, les Juifs qui abhorroient l'idolâtrie et rendoient hommage à un seul Dieu ?

La haine de tous ces peuples contre les Juifs n'est donc pas si difficile à expliquer

Tous, également attachés à leurs idoles, à leurs dieux, demi-dieux, et enfin à toutes les superstitions de la plus aveugle ignorance, ont dû détester, haïr et persécuter les Juifs, ennemis déclarés de toutes ces superstitions. Mais ce qui n'est pas concevable, c'est que les Chrétiens, avec lesquels nous n'avons qu'une origine, les Chrétiens, nos compagnons de malheur sous Néron, Vespasien, Titus, Domitien, Adrien et tant d'autres, aient pu, contre leur devoir, hériter de ces peuples irréligieux, des sentimens de mépris et de haine, dont nous avons commencé avec eux d'être également les victimes. Voilà, vraiment, ce qu'il n'est pas facile d'expliquer.

Cette conduite est même d'autant plus incompréhensible, que les plus célèbres moralistes chrétiens ont défendu les persécutions, professé la tolérance, et prêché la charité fraternelle.

S. Athanase, livre premier, dit : « C'est » une exécrable hérésie de vouloir tirer par » la force, par les coups, par les emprison- » nemens, ceux qu'on n'a pu convaincre » par la raison. »

« Rien n'est plus contraire à la religion, » (dit S. Justin martyr, livre v) que la » contrainte. »

« Persécuterons-nous (dit S. Augustin)
» ceux que Dieu tolère ? »

Lactance, livre III, dit à ce sujet : « La
» religion forcée n'est plus religion ; il faut
» persuader, et non contraindre ; la religion
» ne se commande point. »

S. Bernard dit : « Conseillez, et ne forcez
» pas. »

Ainsi, puisque la morale chrétienne enseigne par-tout l'amour du prochain et la fraternité, l'ignorance, et un préjugé d'habitude,
ont pu, seuls, donner lieu aux vexations et
persécutions dont vous avez été souvent les
victimes. Cela est si vrai, que ces vertus
sublimes d'humanité et de justice ont été
fréquemment mises en pratique par les Chrétiens vraiment instruits, et sur-tout par les
dignes ministres de cette morale pure, qui
calme les passions et insinue les vertus.

C'est par suite de ces principes sacrés de
morale que, dans différens temps, les pontifes
romains ont protégé et accueilli dans leurs
États, les Juifs persécutés et expulsés de
diverses parties de l'Europe, et que les ecclésiastiques de tous les pays les ont souvent
défendus dans plusieurs États de cette partie
du monde.

Vers le milieu du septième siècle, S.

Grégoire défendit les Juifs, et les protégea dans tout le monde chrétien.

Au dixième siècle, les évêques d'Espagne opposèrent la plus grande énergie au peuple, qui vouloit les massacrer. Le pontife Alexandre II écrivit à ses évêques une lettre pleine de félicitation, pour la conduite sage qu'ils avoient tenue à ce sujet.

Dans le onzième siècle, les Juifs, en très-grand nombre dans les diocèses d'Usès et de Clermont, furent puissamment protégés par les évêques.

S. Bernard les défendit dans le douzième siècle, de la fureur des croisés.

Innocent II et Alexandre III les protégèrent également.

Dans le treizième siècle, Grégoire IX les préserva, tant en Angleterre qu'en France et en Espagne, des grands malheurs dont on les menaçoit : il défendit, sous peine d'excommunication, de contraindre leur conscience et de troubler leurs fêtes.

Clément V fit plus que les protéger ; il leur facilita encore les moyens d'instruction.

Clément VI leur accorda un asile à Avignon, alors qu'on les persécutoit dans tout le reste de l'Europe.

Vers le milieu du même siècle, l'évêque de

*Spire empécha la libération que les débi-
teurs des Juifs réclamoient de force, sous le
prétexte d'usure si souvent renouvelé.*

*Dans les siècles suivans, Nicolas II écrivit
à l'inquisition pour l'empêcher de contraindre
les Juifs à embrasser le christianisme.*

*Clément XIII calma l'inquiétude des pères
de famille alarmés sur le sort de leurs enfans, qu'on arrachoit souvent du sein de leurs
propres mères.*

*Et enfin, dans ces derniers temps, M.
l'évêque Grégoire, membre de l'auguste sénat
français, écrivit, en 1788, un ouvrage plein
d'érudition, couronné par la société des
sciences et des arts de Metz, dans lequel il
a victorieusement réfuté les absurdes calom-
nies dont on a chargé les Juifs dans différens
temps. Il a indiqué la cause occasionnelle des
vices qu'on leur reproche : il a prouvé leur
aptitude à toutes les professions, ainsi qu'à
toutes les sciences.*

*C'est encore sur le rapport de ce respec-
table prélat, que l'assemblée nationale rendit
le décret qui assimile les Juifs au reste des
citoyens.*

*Il seroit facile de citer une infinité d'autres
actions charitables dont les Israélites ont été,
à diverses époques, l'objet de la part des*

ecclésiastiques instruits des devoirs des hommes et de ceux de leur religion.

Le vif sentiment d'humanité seul a pu donner, dans tous les siècles passés d'ignorance et de barbarie, le courage qu'il falloit avoir pour défendre des hommes malheureux, barbarement abandonnés à la merci de l'horrible hypocrisie et de la féroce superstition.

Ces hommes vertueux ne pouvoient pourtant, tout au plus, espérer de leur courage philantropique, que cette douce satisfaction intérieure que les œuvres de charité fraternelle font éprouver aux cœurs purs.

Le peuple d'Israël, toujours malheureux, et presque toujours opprimé, n'a jamais eu le moyen ni l'occasion de manifester sa reconnoissance pour tant de bienfaits; reconnoissance d'autant plus douce à témoigner, qu'il la doit à des hommes désintéressés et doublement respectables.

Depuis dix-huit siècles, la circonstance où nous nous trouvons, est la seule qui se soit présentée pour faire connoître les sentimens dont nos cœurs sont pénétrés.

Cette grande et heureuse circonstance que nous devons à notre auguste et immortel Empereur, est aussi la plus convenable, la plus belle, comme la plus glorieuse, pour

exprimer aux philantropes de tous les pays ,
et notamment aux ecclésiastiques, notre entière gratitude envers eux, et envers leurs
prédécesseurs.

Empressons-nous donc, Messieurs, de profiter de cette époque mémorable , et payons-
leur ce juste tribut de reconnoissance que
nous leur devons ; faisons retentir dans cette
enceinte l'expression de toute notre gratitude :
témoignons-leur avec solennité nos sincères
remercîmens pour les bienfaits successifs
dont ils ont comblé les générations qui nous
ont précédés.

Prouvons à l'univers que nous avons oublié
tous les malheurs passés , et que les bonnes
actions seules laissent dans nos cœurs des
traces ineffaçables. Espérons des ecclésiastiques, nos contemporains, qu'ils conserve-
ront, par leur bienfaisante influence sur les
Chrétiens, ce doux sentiment de fraternité
que la nature a mis dans le cœur de tous les
hommes, et que la morale de chaque religion
doit également inspirer comme la nature.

Déjà l'instruction a beaucoup atténué dans
le monde la force des préjugés ; les progrès
des lumières acheveront de les détruire ; ces
temps dont le souvenir fait honte à l'humanité,
sont heureusement loin de nous.

Espérons qu'ils ne se renouvelleront plus. Osons nous flatter que les principes de justice, d'humanité et de morale publique, adoptés par la France, le seront également par les autres grandes puissances de l'Europe.

Israël devra à notre auguste Empereur la fin de ses maux; et l'humanité entière lui devra cet exemple de charité fraternelle, qui fait la base de toutes les religions et de toutes les sociétés.

J'ai l'honneur de vous proposer, Messieurs, la délibération suivante :

« LES DÉPUTÉS de l'empire de France et du royaume d'Italie au synode hébraïque décrété le 30 mai dernier, pénétrés de gratitude pour les bienfaits successifs du clergé chrétien, dans les siècles passés, en faveur des Israélites de divers États de l'Europe;

» Pleins de reconnoissance pour l'accueil que divers Pontifes et plusieurs autres ecclésiastiques ont fait dans différens temps aux Israélites de divers pays, alors que la barbarie, les préjugés et l'ignorance, réunis, persécutoient et expulsoient les Juifs du sein des sociétés,

Arrêtent « que l'expression de ces sentimens sera consignée dans le procès-verbal de ce jour, pour qu'elle demeure à jamais comme un témoignage authentique de la gratitude des Israélites de cette assemblée pour les bienfaits que les générations qui les ont précédés ont reçus des ecclésiastiques de divers pays de l'Europe ;

» Arrêtent, en outre, que copie de ce procès-verbal sera envoyée à son Excellence le Ministre des cultes. »

L'assemblée a applaudi au discours de M. Avigdor : elle en a délibéré l'insertion, en entier, dans le procès-verbal, ainsi que l'impression, et a adopté l'arrêté qui le suit.

Reprise des Séances de l'Assemblée des Députés français professant la religion juive.

Séance du 25 Mars 1807.

Le président ouvre la séance à onze heures. Il annonce que la convocation de ce jour a pour objet d'entendre le rapport de la commission des neuf sur les travaux du grand sanhédrin, un projet d'adresse de remercîmens à sa Majesté impériale et royale, et un projet d'arrêté pour la supplier très-humblement de prendre dans sa sagesse les moyens d'éviter que les abus qui l'ont déterminée à rendre le décret du 30 mai dernier, ne se renouvellent plus à l'avenir.

M. le président, comme organe de la commission des neuf, donne ces lectures dans les termes suivans :

MESSIEURS,

Vous aviez chargé votre commission de préparer, de concert avec MM. les commissaires de sa Majesté impériale et royale, les décisions du grand sanhédrin.

Votre commission s'est acquittée de ce devoir ; et quoique vous ayez pu être instruits
par des communications particulières, ainsi
que par les séances publiques de ce corps, de
la manière dont elle l'a rempli, elle vous doit
néanmoins un compte officiel de ce qu'elle a
fait.

D'abord nous fûmes embarrassés de trouver
des formules convenables à ces décisions.
Après avoir compulsé les antiquités judaïques,
nos recherches ne nous procurèrent aucune
lumière. Quelques notions historiques sur
l'origine de cette institution, sur les variations
qu'elle avoit éprouvées, sur sa renaissance
et son entière disparition, nous laissèrent
dans la même incertitude. Nous connoissions
son organisation intérieure, la forme de ses
délibérations, la manière de voter et de recueillir les suffrages ; mais il ne nous restoit
presque aucune formule des jugemens de ce
corps sur les matières différentes qui lui
étoient soumises. Ne trouvant à cet égard
aucune route tracée, il fallut nous en frayer
une.

La forme que nous avons adoptée pour les
décisions vous est connue. Vous avez pu vous
apercevoir qu'elle a un caractère particulier
qui la distingue, et qui se fait remarquer par

une couleur antique et religieuse qui s'adapte assez avec la nature des objets sur lesquels on statue.

Mais si votre commission s'est trouvée embarrassée quant à la forme, elle ne l'a point été quant au fond. Guidée par vos réponses, et par l'excellent esprit qui les a dictées, elle n'a pu s'égarer. Les principes étoient justes, les conséquences bien déduites ; leur application devint facile. Aussi rien ne parut équivoque ni incertain dans le travail qui eut pour objet de convertir ces réponses en décisions doctrinales. C'est un hommage que votre commission se plaît à vous rendre. Si quelque chose avoit besoin d'attester la sagesse de vos délibérations et la pureté de votre doctrine religieuse et morale, vous le trouveriez dans la fidélité avec laquelle cette doctrine a été adoptée et suivie par un corps de docteurs également éclairés et pieux, attachés aux dogmes fondamentaux de la religion, et plus disposés à ramener la loi de Moïse à son antique pureté qu'à l'abandonner à des considérations mondaines.

Ces hommes vénérables se sont d'abord pénétrés de cette idée générale, que l'inconstance et la vanité règnent parmi les mortels, et que le nombre de ceux qui savent

se tenir en garde contre la corruption que
le temps et l'oubli des principes amènent,
est très-foible en comparaison de la généralité. Ils ont senti que c'étoit une nécessité
aux hommes sages de porter leur esprit sur
l'examen du mal, afin d'en avertir les individus, soit par leurs conseils et leurs instructions comme particuliers, soit par leurs
réglemens et leurs ordonnances lorsqu'ils
sont constitués légalement en autorité civile
ou religieuse.

Remplis de cette pensée, ils ont su apprécier les avantages de leur situation par rapport
au bien qu'ils pouvoient faire. Jamais circonstance n'avoit été aussi favorable pour rappeler
aux Israélites les devoirs civils et religieux
que plusieurs d'entre eux sembloient méconnoître. Comptant sur leur réunion et sur la
force que leur donneroit la solennité d'un
grand sanhédrin, leur premier sentiment fut
de rendre des actions de grâces à la Providence
de ce qu'elle avoit voulu qu'il s'élevât un
Prince magnanime, ami de la justice et de la
vérité, ayant avec la volonté du bien la puissance de le faire, et pénétré de ce principe
que la diversité des cultes ne doit point in-
fluer dans ses vastes États sur la jouissance
des droits civils et politiques.

Ainsi, animés du bien général, encouragés par l'espoir de l'opérer d'une manière efficace, les docteurs et notables du grand sanhédrin ont procédé, dans des conférences particulières, à l'examen de vos travaux; et du moment qu'ils ont reconnu qu'ils étoient conformes à la lettre et à l'esprit de l'Écriture sainte, ils leur ont donné un assentiment unanime.

Ce corps religieux a donc consacré ce que cette assemblée, presque entièrement composée de laïques, avoit délibéré d'avance. Le fond est le même, la forme seule est différente. Le principe fondamental qui établit qu'en matière civile et politique la loi du Prince est religieusement obligatoire, se trouve de nouveau reconnu et promulgué. La raison même de ce principe est authentiquement consignée dans le préambule des décisions doctrinales, où il est déclaré que la législation de Moïse renferme des dispositions religieuses et des dispositions politiques; que les premières sont indépendantes des lieux et des temps, tandis que les secondes sont subordonnées, dans leur application, à un ordre politique qui n'existe plus; ce qui justifie la pleine et entière obéissance des Israélites répandus aujourd'hui chez toutes

les nations, aux lois qui les régissent elles-
mêmes.

Vos réponses à cette partie importante des
intérêts civils qui constitue la société de la
famille, et la place sous la garde des mœurs
et des lois, ont également été sanctionnées,
en sorte que tout ce qui est relatif à la législation du mariage dans le Code civil, se trouve
parfaitement en harmonie avec nos lois religieuses.

Les développemens donnés au sujet de la
quatrième décision doctrinale sur les sentimens de fraternité qui attachent l'Israélite à
ses concitoyens d'une autre religion, avoient
comme pressenti à l'avance la nécessité de
la déclaration consignée dans le préambule.
La décision, comme le rapport qui l'a précédée, a fait voir ce qu'il falloit penser du
préjugé populaire qui faisoit regarder nos
dogmes comme insociables et antipathiques.

L'accord entre nos lois religieuses et le
Code civil de la France et du royaume d'Italie,
s'est montré avec plus d'éclat et d'évidence
encore par l'adoption des cinquième, sixième
et septième décisions doctrinales, sur les rapports moraux, civils et politiques, et sur les
professions utiles.

Nous avions déclaré que, ne formant plus

un corps de nation, et jouissant de l'avantage d'être incorporés dans la grande nation, nous ne pouvions mettre dans nos rapports moraux aucune différence entre nos concitoyens et ceux de notre croyance; qu'en acquérant des droits civils et politiques, nous nous imposions tous les devoirs qui leur sont corrélatifs; qu'aucun dogme ne nous prohibant l'exercice d'aucune profession utile, rien ne nous empêchoit de nous y livrer.

Le grand sanhédrin n'a vu dans la manifestation de ces opinions et de ces sentimens, qu'une application naturelle des principes de l'Écriture sainte aux devoirs de la morale sociale; il a adopté ces décisions avec d'autant plus de satisfaction, qu'elles s'accordoient avec la façon de penser de chacun de ses membres, comme hommes, comme citoyens et comme Israélites.

Il a revêtu de la même sanction vos principes contre l'abus du prêt à intérêt. Cette habitude reste à jamais flétrie dans l'esprit et le cœur de tout Israélite jaloux de son honneur, de sa réputation, et de l'estime de ses concitoyens.

Vous n'avez point oublié, sans doute, que ce déplorable abus auquel certains individus se sont livrés dans les départemens septentrionaux de cet empire, a déterminé notre convocation.

Tout ce que nous avons été engagés à faire jusqu'à ce moment, a eu essentiellement pour objet de nous porter à remplacer par une industrie honnête la ressource honteuse de l'usure.

Qu'il nous soit permis de nous arrêter sur cette matière, à laquelle nous sommes naturellement ramenés par la suite de nos travaux, et qui probablement les terminera.

L'une des choses qui ont le plus contribué à nous attirer la haine et le mépris des peuples, est beaucoup moins la différence de religion, principalement dans les temps modernes, que l'habitude malheureuse du prêt à intérêt; et il n'est point nécessaire que cet intérêt soit usuraire pour produire ces dispositions, il suffit de prêter pour devenir odieux. Il est presque dans la nature des hommes et des choses, que tout prêteur le devienne; car, selon l'opinion d'un ministre célèbre (Turgot), « quoiqu'il soit doux de » trouver à emprunter, il est dur d'être obligé » de rendre. Le plaisir d'être secouru dans » son besoin, passe avec la satisfaction de » ce besoin ; bientôt le besoin renaît, la dette » reste, et le poids s'en fait sentir à tous les

» instans, jusqu'à ce qu'on ait pu s'acquitter.
» On croit de plus que celui qui prête, ne
» prête qu'un superflu, tandis que l'on em-
» prunte souvent le nécessaire; et quoique
» la justice rigoureuse soit entièrement pour
» le prêteur-créancier qui ne réclame que ce
» qui est à lui, l'humanité, la commisération,
» la faveur, penchent toujours pour le débi-
» teur. On sent que celui-ci, en rendant,
» sera réduit à la dernière misère, et que le
» créancier peut vivre malgré la privation
» de ce qui lui est dû. Ce sentiment a lieu,
» lors même que le prêt a été purement
» gratuit, à plus forte raison lorsque le se-
» cours donné à l'emprunteur ne l'ayant été
» que sous la condition d'un intérêt, il a reçu
» le prêt sans reconnoissance; c'est alors qu'il
» souffre avec amertume et avec indignation
» les poursuites du créancier pour l'obliger
» à rendre. »

Les Juifs, envers lesquels on se faisoit,
jusque vers le milieu du dix-septième siècle,
un jeu du droit de propriété, et qui d'ailleurs
n'avoient pas, à beaucoup près, par-tout la
faculté de convertir leurs capitaux en fonds
de terre ou autres valeurs immobilières,
étoient naturellement induits, par ce double
motif, à prêter leur argent à intérêt.

D'un autre côté, les tributs énormes qu'ils payoient, et les exactions que l'on se permettoit à leur égard, les contraignoient à élever le taux de l'intérêt, afin de satisfaire tout-à-la-fois, et l'État, et les seigneurs particuliers, et les villes où ils résidoient, en sorte qu'ils n'étoient point assujettis à une simple défalcation de la propriété, mais à une véritable expropriation.

Des circonstances qui sont particulières à la ci-devant Alsace, ont donné au sentiment en faveur des débiteurs une nouvelle force. Ces débiteurs ne sont point des gens d'affaires, ce sont des cultivateurs; ils ne sont point isolés les uns des autres, ils se trouvent, pour ainsi dire, concentrés dans des villages très-rapprochés; ils n'empruntent guère qu'à certains Israélites du pays; ceux-ci ne leur prêtent qu'à un intérêt au-dessus du cours établi dans les places de commerce. Quand même ces cultivateurs n'emprunteroient aujourd'hui qu'à un intérêt plus modéré, s'ils ne font pas un emploi prodigieusement lucratif des sommes qu'ils empruntent, ou s'ils empruntent pour vivre, ils sont bientôt ruinés, et réduits à l'impuissance de payer.

Telle est, Messieurs, la situation dans

laquelle se sont sans doute trouvés ceux qui par leurs plaintes ont provoqué le décret du 3o mai, qui en a préservé un grand nombre d'une ruine entière. Ces abus, nous osons l'espérer, ne se reproduiront plus, et ceux-là seuls qui s'en rendront coupables en subiront la peine. C'est le but de nos travaux.

Nous ne pouvons, Messieurs, nous empêcher en finissant de vous exprimer un regret, c'est celui d'avoir été privés par des circonstances impérieuses de l'honneur d'exprimer de vive voix à sa Majesté impériale et royale les sentimens de nos cœurs. Vous savez que S. Ex. M.ᵍʳ le Ministre de l'intérieur avoit annoncé à votre président que sa Majesté daigneroit nous recevoir et agréer notre respectueux hommage. Son départ précipité pour une guerre dont le but est d'éloigner pour long-temps ce fléau de l'Europe civilisée, d'y assurer et d'y garantir l'empire de la justice et de la raison, nous a privés de l'honneur d'être présentés à notre illustre bienfaiteur.

Votre commission vous propose par ce motif de faire à sa Majesté impériale et royale l'adresse suivante, et de prendre l'arrêté dont il va vous être donné connoissance :

SIRE,

Au moment où les députés de vos fidèles sujets israélites terminent leur mission, il leur reste à remplir un devoir bien cher à leur cœur, celui de déposer au pied du trône de votre Majesté l'expression de leur profonde et immortelle gratitude.

Jamais souverain n'a signalé en notre faveur une bienfaisance aussi magnanime dans son principe, aussi éclairée dans ses moyens, aussi féconde dans ses résultats, que celle dont nous sommes aujourd'hui les objets.

Nos ames s'élèvent, les plus douces espérances les remplissent; nous nous dirigeons pleins d'alégresse vers l'honorable carrière que vos bienfaisantes mains daignent nous ouvrir.

A l'abri de l'autorité tutélaire de votre Majesté, nous expliquons notre croyance, jusque-là calomniée parce qu'elle étoit méconnue. Les préventions se dissipent, et l'on reconnoit que nous pouvons être tout-à-la-fois sujets utiles et fidèles sans cesser d'être Israélites.

Désormais les fautes seront personnelles, l'opinion n'imputera plus à tous le blâme mérité par quelques-uns, et cette solidarité morale ne portera plus l'amertume et le chagrin dans nos ames.

Animé par l'espérance de faire de ses enfans des sujets utiles à l'État, le père de famille vertueux dirigera leur émulation vers l'agriculture et les arts, vers l'exercice des professions libérales. On ne verra plus les portes des maisons d'éducation fermées aux jeunes Israélites : soutenus par la justice et la bonté de leur Empereur, ils jouiront du bienfait de l'instruction publique.

SIRE, tous nos vœux seront exaucés quand toutes vos vues seront remplies. L'Israélite deviendra sujet utile comme il est sujet fidèle : ce sera le but de tous nos efforts ; et ce but, nous l'atteindrons.

Pour y arriver plus sûrement, le grand sanhédrin a rendu des décisions doctrinales qui mettent dans une parfaite harmonie nos dogmes religieux avec l'exercice des droits civils.

Ces décisions, par-tout adoptées, par-tout suivies, produiront sans doute l'heureux effet de prévenir les abus qui ont provoqué notre convocation, et détermineront peut-être votre Majesté à considérer dans sa haute sagesse s'il ne seroit pas expédient de mettre.

un terme à la suspension des actions hypo-
thécaires dans les départemens désignés par
le décret du 3o mai dernier, à l'expiration
du délai qu'il prescrit.

Que les seuls coupables soient punis désormais. Leur châtiment sera, pour la totalité des
Israélites de France et du royaume d'Italie,
la marque la plus signalée de la protection
de votre Majesté.

Qu'il nous soit permis, avant de finir, de
vous exprimer, SIRE, l'admiration et la joie
que répandent dans nos cœurs et dans nos
esprits les nouveaux succès de vos armes.

Lorsque des événemens moins mémorables
provoquoient autrefois la publique allégresse,
nous la partagions, mais sans oser la manifester au dehors : c'étoit dans nos foyers domestiques, au sein de nos familles, que nous
bénissions la divine Providence des succès
de la nation hospitalière qui nous toléroit
dans son sein.

Aujourd'hui que nous sommes affranchis
de cette contrainte, nous mêlons nos acclamations aux acclamations universelles des
Français : c'est au milieu d'eux, c'est avec eux
que nous célébrons vos étonnans triomphes.

SIRE, les guerriers parlent avec transport
de vos victoires; les hommes d'état admirent

(199)

vos sages institutions ; les savans illustres
s'étonnent de l'étendue de votre génie : mais
personne ne peut mieux apprécier votre justice que vos fidèles sujets israélites.

Un sentiment s'élève et domine au milieu
de tous ceux que nous éprouvons, c'est celui
du desir de votre conservation : il nous porte
à invoquer l'Arbitre souverain des destinées,
et à lui demander qu'il couvre de son égide
la tête d'un Prince qui fait le bonheur et
l'orgueil de la première des nations.

ARRÉTÉ.

L'Assemblée des députés des Israélites de
France et du royaume d'Italie, après avoir
entendu le compte que lui a rendu son
comité des neuf, des travaux du grand
sanhédrin ;

Considérant que les décisions de cette vénérable assemblée et le corps de doctrine
qu'elles présentent sont bien propres à faire
revivre dans le cœur de tous les Israélites
la divine morale de la sainte loi ;

Considérant qu'il importe pour la régénération de ses coreligionnaires, non-seulement
de redresser des opinions erronées, mais
encore de réformer les habitudes vicieuses

dont on s'est plaint dans quelques lieux ; que
des mesures capables de remplir cet objet
important ne peuvent être prises ou même
préparées que par le Gouvernement lui-
même ; qu'enfin elle aura rempli les obligations que lui impose l'intérêt des hommes
qu'elle représente, quand elle aura indiqué
et livré tous leurs besoins à la sagesse profonde et paternelle du grand Monarque qui
daigne s'occuper d'eux ;

Arrête que MM. les commissaires seront
suppliés de transmettre à sa Majesté le vœu
que forme très-humblement l'assemblée, pour
que sa Majesté daigne prendre les dispositions
qu'elle croira convenables, afin qu'à l'avenir
quelques Israélites, au moyen du brocantage
qu'ils exercent, ou des hypothèques qu'ils
prennent, ne portent plus dans le commerce
et dans les fortunes, des désordres semblables
à ceux dont on s'est plaint, et dont trop
souvent la honte et le châtiment ont rejailli
sur tous leurs coreligionnaires.

Ces lectures faites, le président charge
M. Théodore Cerf-Berr, l'un des scrutateurs,
de remplir les fonctions de secrétaire, attendu
l'absence de MM. Avigdor et Rodrigues fils ;
il invite les membres de l'assemblée qui

auroient des observations à faire, à demander
la parole. L'un d'eux monte à la tribune, et
lit un imprimé dont il est l'auteur, sur la
levée du sursis et sur les moyens d'exécution.
L'assemblée passe à l'ordre du jour sur
l'opinion de ce membre.

Un autre lui succède à la tribune, et lit
une opinion sur la nécessité de distinguer
l'innocent du coupable; il soutient, comme
un fait qui lui est connu, que le nombre
des individus à surveiller est peu considérable; il s'en rapporte, au surplus, à l'assemblée sur ce qu'il convient de faire à cet
égard.

Un troisième membre observe que, con-
noissant les localités, il seroit dangereux de
demander la levée du sursis, sans demander
en même temps qu'il fût accordé un délai
suffisant aux débiteurs.

Un autre demande que l'on mette aux voix
l'adoption du rapport et le projet d'adresse,
mais non le projet d'arrêté.

D'autres membres s'opposent à cette proposition.

Celui qui l'avoit faite, ainsi que ceux qui
l'avoient appuyée, soutiennent que l'arrêté
n'est point nécessaire, depuis que le grand
sanhédrin a rendu ses décisions et a fixé les

points de notre doctrine. Une opinion écrite,
et dont la teneur suit, est lue :

Je ne croyois pas, d'après tout ce qui s'est
passé jusqu'à ce jour, qu'aucun de nous fût
encore dans la nécessité de monter à cette
tribune pour défendre nos droits et la cause
de la justice ; je ne croyois pas qu'en retraçant
à nos yeux les travaux du grand sanhédrin,
en nous démontrant l'influence bienfaisante
que ses décisions exerceront sur nos coreligionnaires, on établiroit une distinction bien
subtile, pour prouver que ces mêmes décisions peuvent agir sur leur esprit et non sur
leurs actions. Quoi ! Messieurs, en fixant les
points de notre doctrine qui pouvoient paroître douteux aux yeux des hommes qui
nous voyoient au travers des préjugés dont
nous étions environnés, en *les fixant de
manière que l'ignorance et la corruption
ne pussent jamais s'en autoriser pour com-
mettre des excès*, cette assemblée vénérable
n'auroit donc rien fait ? . . . . . . Ce seroit
inutilement que, par ses décisions, elle auroit
éclairci tous les doutes, dissipé toutes les
erreurs, qu'elle auroit démontré combien nos
lois et nos usages sont en harmonie avec les
lois de l'État ; combien, en les suivant, nous

sommes dignes des bienfaits que le Gouvernement et son auguste Chef daignent répandre
sur nous : il nous resteroit encore des mesures
à prendre ou à provoquer pour la régénération de nos coreligionnaires ; il nous faudroit supplier sa Majesté de ne pas nous
traiter comme les autres citoyens, de faire
des lois particulières contre ceux d'entre nous
qui pourroient à l'avenir se porter aux mêmes
excès qu'on a jusqu'à présent reprochés à
quelques Israélites du nord. Mais, Messieurs,
le grand sanhédrin ne l'a-t-il pas déclaré ?
Ceux qui exercent l'usure envers leurs concitoyens, même envers des étrangers de
quelque religion qu'ils soient, sont coupables
envers la Divinité ; *ils ne sont plus Israélites,
nous les renions pour nos frères :* pourquoi
donc nous occuper d'eux et de leurs crimes,
dont la punition appartient aux lois de l'État ?
S'ils suivent la morale de notre religion, s'ils
obéissent aux exhortations du grand sanhédrin, en s'adonnant à l'exercice des professions utiles, cela suffit pour les retenir dans
leur devoir : s'ils s'écartent, et de la religion,
et des instructions de leurs frères, ils ne sont
plus rien pour nous ; nous ne devons pas plus
provoquer des lois contre les usuriers, parce
que ces usuriers ont reçu en naissant le nom

de Juifs, que nous ne devons en provoquer
contre les voleurs ou les assassins sectaires
de tous les cultes. Nous avons le bonheur
de vivre sous un Gouvernement fort et sage,
qui sait faire respecter les lois et la morale
dans toute l'étendue de l'Empire, et c'est lui
faire injure que d'oser lui indiquer des réformes ou des additions à faire à la sage
législation par laquelle il régit ses sujets de
toutes les religions ; c'est avoir l'air de mettre
en doute la bienveillance dont il ne cesse de
nous donner de nouvelles preuves, que de
le supplier de ne point faire rejaillir sur les
Israélites les fautes dont quelques-uns pourroient encore se rendre coupables ; et l'auguste NAPOLÉON nous a trop honorés par sa
protection, a trop fait pour nous assimiler à
ses autres sujets, pour que nous conservions
encore la moindre inquiétude à cet égard.
Grâce au ciel, les temps où l'on ne voyoit
dans un coupable que le sectaire de tel ou tel
culte, sont déjà bien loin de nous : jouissons
en paix des faveurs du Gouvernement ; espérons que tous nos coreligionnaires sauront
s'en rendre dignes, et abandonnons ceux qui
ne le feroient pas à la rigueur des lois com-
munes à tous les Français. Je demande que
l'arrêté que votre commission vous propose,

soit supprimé comme inutile et portant atteinte à nos droits.

Cette opinion est réfutée par l'examen et l'analyse du projet d'arrêté, examen qui démontre qu'il ne contient rien de ce que l'on suppose; et présumant qu'on ne s'est mépris que parce qu'on ne l'a point entendu; on en donne une seconde lecture.

Le rapport de la commission et le projet d'adresse étant adoptés, on demande l'ajournement à vendredi pour l'arrêté. D'autres membres s'y opposent, et en donnent les motifs. Une vive discussion s'engage. Le président se couvre. Le silence et le calme se rétablissent. On invoque l'appel nominal sur l'ajournement. Le bureau, dont M. Zinsheim faisoit partie en l'absence de deux de ses membres, procède à l'appel nominal, et l'ajournement à vendredi est délibéré, à la majorité de vingt-six voix contre vingt-trois.

MM. Salomon Treves et Hildesheimer, députés de la communauté israélite de Francfort, présens à la séance, demandent la parole. M. Hildesheimer annonce, en langue allemande, qu'ayant transmis à leurs commettans tous les travaux, soit de l'assemblée, soit du sanhédrin, ils les avoient examinés avec la plus scrupuleuse attention; que loin d'y avoir trouvé la moindre chose de contraire à la religion, ils avoient reconnu que tout y étoit conforme, vrai, juste, convenable, salutaire et digne d'éloge; que s'ils jouissoient, comme les Israélites de France et du royaume d'Italie, des droits civils, et que les lois de leur patrie leur permissent d'en remplir les devoirs, ils se croiroient religieusement obligés de n'en négliger aucun; qu'en donnant leur adhésion pleine et entière aux travaux du grand sanhédrin, ils la subordonnent à l'approbation de leur Souverain, dont ils respecteront toujours les moindres volontés.

L'assemblée applaudit à leurs sentimens, et arrête que leur déclaration sera consignée dans le procès-verbal.

La séance est levée, et ajournée à vendredi.

Séance du 27 Mars 1807.

LE président ouvre la séance à midi; il nomme pour commissaires de la salle MM. Baruch Cerf-Berr et Castro; il invite M. Théodore Cerf-Berr, scrutateur, à faire les fonctions de secrétaire, en l'absence de MM. Rodrigues fils et Avigdor. On fait lecture

du procès-verbal de la dernière séance. Plusieurs membres font des observations sur
quelques omissions. Le président en fait rec-
tifier quelques-unes, et donne lecture du
projet d'arrêté à prendre par l'assemblée, et
qui avoit été ajourné à la séance de ce jour.

Un membre observe que ce projet ne réu-
nissant pas, faute d'éclaircissemens suffisans,
la majorité, il seroit possible qu'il rencontrât
encore quelque opposition. Pour obvier à
toute difficulté, il propose que le président
soit invité à nommer une députation de huit
membres, qui devront se transporter chez
MM. les commissaires de sa Majesté impériale
et royale, pour leur faire quelques observations. Cette proposition ayant été appuyée,
a été mise aux voix, et adoptée. Le président
a été également invité à écrire à MM. les
commissaires impériaux, pour leur demander
un rendez-vous, et a nommé membres de la députation MM. Rodrigues frères, Formiggini,
Lipman Cerf-Berr, May (de Neufchâteau),
Wittersheim l'aîné, Abraham Cahen et
Goudchaux.

Il a donné ensuite lecture à l'assemblée
d'une supplique d'un Israélite venu d'Égypte,
où il a perdu la vue, et qui demande un
secours.

Le président propose qu'il soit fait une quête. L'assemblée y consent à l'unanimité, et le produit en est remis sur-le-champ à cet Israélite.

Le président lève ensuite la séance, et l'ajourne à lundi à la même heure.

Séance du 30 Mars 1807.

LE président ouvre la séance à midi ; il nomme pour commissaires MM. Jacob Lazare et Gumpel Lévi. M. Théodore Cerf-Berr continue à remplir les fonctions de secrétaire. Il fait lecture du procès-verbal de la dernière séance, lequel est adopté sans réclamation. L'ordre du jour appelle le rapport de la députation auprès de MM. les commissaires impériaux, et la délibération sur l'arrêté proposé par le comité des neuf.

M. Rodrigues, de la Gironde, monte à la tribune, et fait ce rapport. Il annonce d'abord avec quelle bienveillance la députation a été reçue ; il fait part à l'assemblée des réflexions écrites qui ont été communiquées à MM. les commissaires, et desquelles il résulte que quelques membres de l'assemblée ont cru trouver le dispositif de cet arrêté humiliant pour les Israélites en général, en ce qu'il paroît supposer qu'il leur soit naturel de porter des désordres dans le commerce et dans les fortunes, et que la législation commune aux autres Français ne suffise pas pour eux ; que ceux qui portent ce jugement de l'arrêté, ne pensant pas, après tout ce qui a été fait jusqu'à présent, qu'il entre dans les vues du Gouvernement d'établir cette ligne de démarcation, ont demandé l'ajournement de ce projet ; que, s'il étoit adopté, il seroit à craindre que l'ignorance et les préventions qui existent dans quelques départemens septentrionaux, auxquels se borneroient sans doute les dispositions répressives qui seroient prises sur les abus qui s'y commettent en matière de prêt à intérêt, ne fortifiassent les préjugés existans contre les Israélites en général. Ils ont pensé, en outre, que les hommes honnêtes et riches exerçant le culte mosaïque n'oseroient peut-être à l'avenir placer leurs fonds ; de peur que leurs débiteurs ne se servissent des termes mêmes de cet arrêté pour attaquer leurs titres ; que cette disposition pourroit même nuire à l'importation des capitaux étrangers appartenant à des Israélites ; que l'opinion même erronée qui s'établiroit à cet égard, feroit renoncer à toute espèce de commerce, par la crainte qu'auroient même des banquiers français ou italiens, qu'on ne les accusât de faire un trafic honteux, etc. Le rapporteur dit qu'à ses observations écrites avoient été ajoutées plusieurs observations verbales ; que MM. les commissaires les avoient accueillies avec bonté, et n'y voyoient que l'expression des sentimens d'honneur qui nous animent tous. D'abord ils ont dissipé l'erreur qui avoit fait croire que s'il étoit pris des dispositions, elles s'étendissent jamais généralement à tous les Israélites de France et du royaume d'Italie ; que le Gouvernement, qui, même avant la convocation de l'assemblée, avoit su rendre justice à ceux qui la méritoient, avoit acquis depuis lors une plus grande certitude sur le nombre de ceux de cette religion dont le caractère et la conduite étoient estimables et dignes de sa bienveillance ; que nous avions reçu, durant notre réunion à Paris, des marques trop éclatantes de ces sentimens, pour douter un instant de leur durée. MM. les commissaires, après avoir rappelé tout ce qui s'étoit passé, ont ajouté qu'ils ne pouvoient pas pénétrer, non plus que nous, les vues grandes et profondes du Prince qui nous gouverne ; que n'ayant pas l'initiative des moyens à proposer pour prévenir les désordres qui avoient nécessité le décret du 30 mai, leur opinion étoit que nous devions nous borner à émettre dans cet arrêté le vœu que ces moyens fussent pris; que notre loyauté connue exigeoit cette disposition; que les craintes qu'avoient montrées quelques membres de l'assemblée sur les interprétations que la malveillance entreprendroit de donner à l'arrêté proposé par la commission des neuf, et à ce qui pourroit s'ensuivre, étoient entièrement chimériques; qu'au surplus nous pouvions vous assurer, Messieurs, qu'il étoit loin des vues et de la pensée de sa Majesté impériale et royale d'établir une législation particulière à l'égard de nos coreligionnaires de l'Empire et du royaume d'Italie.

Sur l'observation faite par quelques-uns des membres de la députation, que par ces mots qui terminent l'arrêté, *sans que la honte et le châtiment puissent rejaillir, comme il est arrivé trop souvent, sur tous leurs coreligionnaires,* nous aurions l'air de nous défier de la justice du Gouvernement, MM. les commissaires ont répondu qu'ils ne voyoient aucun inconvénient à admettre ou à rejeter ces mots, et à substituer celui de *brocantage* à celui de *trafic.*

Rassurée par ces éclaircissemens et une

foule d'autres qu'il seroit trop long de vous rapporter, votre députation a quitté MM. les commissaires impériaux, pénétrée plus que jamais de la bienveillance du Gouvernement, et du desir qui anime son illustre Chef, de faire cesser à jamais l'abaissement des Israélites de ses États.

Tel est, Messieurs et collègues, le rapport que j'ai été chargé de vous faire.

Après ce rapport, quelques membres demandent qu'il soit inséré dans le procès-verbal; d'autres, qu'il soit fait une adresse à sa Majesté, avec des observations sur cet arrêté : quelques-uns parlent en faveur de son adoption pure et simple; d'autres desirent qu'il soit ajourné encore. La discussion s'engage. M. le président monte à la tribune, et, dans un discours véhément, il développe les raisons puissantes qui militent en faveur de l'adoption du projet; il combat successivement toutes les objections, dissipe toutes les craintes, rappelle les différens moyens qui existent dans les grands États pour le maintien du bon ordre; il fait sentir que ce n'est point assez, pour déraciner d'anciennes habitudes, d'avoir montré par des décisions doctrinales ce qui étoit conforme à la religion et à la morale, qu'il falloit encore aux hommes

d'autres freins. « Telle, ajoute-t-il, avoit
» été l'erreur de quelques membres des as-
» semblées délibérantes de la France, qui
» croyoient que la puissance et l'autorité de
» la raison dispensoient de toute autre. C'est
» pour n'avoir point fait entrer dans leurs
» conceptions législatives le calcul des pas-
» sions humaines, c'est pour s'être laissé
» séduire par des théories qu'ils appeloient
» libérales et qui n'étoient qu'anarchiques,
» qu'ils conduisirent la France dans le pré-
» cipice, d'où l'ont retirée le génie et la vail-
» lance de Napoléon le Grand.

» Quel a été, ajoute-t-il encore, l'objet
» de vos desirs, depuis le premier instant
» de votre réunion ? N'est-ce pas de séparer
» le père de famille honnête, de celui qui
» ne l'est pas ; d'isoler la responsabilité sur
» les individus, et d'en garantir la masse
» entière ? Aujourd'hui que l'on vous invite
» à donner les mains à cette salutaire sépa-
» ration ; lorsque vous pouvez absoudre tout
» Israël des reproches les plus vagues devant
» le tribunal de l'opinion ; lorsque vous pouvez
» éteindre tous les préjugés, écarter tout pré-
» texte aux préventions de la haine ; lorsque
» vous pouvez compléter, achever votre réha-
» bilitation politique déjà prononcée par la

» loi dans deux grands Empires, à l'aide
» d'une réhabilitation morale prête à vous
» être accordée par l'opinion; quand enfin
» l'honneur d'Israël peut être rétabli, quoi!
» vous accorderiez à de chimériques craintes,
» aux fantômes de quelques imaginations
» exaltées, ce que vous refuseriez à des
» considérations d'un si grand poids? Nou,
» Messieurs, je conjure votre amour pour
» votre Prince et votre patrie, votre atta-
» chement pour vos familles, ne démentez
» pas en cet instant la sagesse qui a carac-
» térisé tout ce que vous avez fait jusqu'ici.
» Je demande que la discussion soit fermée,
» et qu'il soit procédé à l'appel nominal. »

Cette motion fortement appuyée, en procède à l'appel nominal. Sur cinquante-quatre
votans, neuf votent pour l'ajournement, et
quarante-cinq pour l'adoption du projet.
Le président annonce qu'il est adopté.

Un membre observe, au sujet du mot *brocantage*, que s'il s'agissoit d'interdire à l'a-
venir ce genre de travail à ceux qui en tirent
un moyen honnête de subsistance, il verroit
avec douleur un grand nombre de pères de famille parvenus à l'âge de cinquante ou soixante
ans, et par cela même hors d'état d'embrasser
un métier, privés de celui-là seul que les

circonstances précédentes leur avoient permis d'embrasser; votre ame, ajoute-t-il, en seroit navrée. On rassure ce membre, en lui faisant observer qu'il n'est nullement question du brocantage en lui-même, mais du prétexte de cet état, et de l'abus que l'on en fait pour couvrir des fraudes répréhensibles; qu'il est très-vrai qu'il est beaucoup d'hommes irré-prochables dans leur conduite, et dont jamais personne n'a eu à se plaindre, qui ne sont que brocanteurs, ou, en d'autres termes, petits marchands; que l'autorité bienfaisante et juste qui nous gouverne, est trop pater-nelle pour permettre jamais que les magistrats, de quelque ville que ce soit, abusent de cette expression, en lui donnant, à l'égard des Israélites, une extension qu'elle ne doit point avoir, et en leur interdisant, par une fausse application, un moyen honnête de subsistance.

L'assemblée vote l'insertion de ces obser-vations dans son procès-verbal.

M. Moïse Lévi, de Nancy, monte à la tribune, et s'exprime en ces termes :

Je viens vous entretenir d'un sentiment qui a bien souvent dominé dans cette as-semblée, et qui a quelquefois éclaté par les témoignages les plus touchans. Les bontés de sa Majesté ont nourri dans nos cœurs des sentimens de gratitude et de respect, qui n'attendent que le moment pour se manifester par les actes d'un dévouement sans bornes. Tandis que nos vœux appellent cet instant propice, je vois arriver la fin de cette session. Il est temps que nous nous acquittions du devoir de la reconnoissance envers le digne collègue qui a présidé à nos travaux; il a donné à nos délibérations un caractère imposant, et, en exerçant cet ascendant qui appartient aux hommes doués de vertus et de lumières, il a concilié toutes les opinions et calmé toutes les passions. Vous parlerai-je de ses importans travaux dans les différens comités dont il fut membre? Vous en connoissez tous les heureux résultats, et, j'oserai l'avouer, une sorte de pudeur m'interdit de m'étendre sur ce sujet; car c'est un ami que je loue, et je dois arrêter l'élan de la sensibilité.

Mais, au moment qu'une pénible séparation doit nous éloigner de lui, il nous est permis de témoigner nos sentimens. Attestons par un hommage public tous les services qu'il a rendus; que nos contemporains, nos neveux, lui payent un juste tribut de reconnoissance.

Je propose donc que l'assemblée déclare

que son président ayant efficacement contribué au bien de la patrie et à celui de nos
coreligionnaires par les talens et le zèle qu'il
a déployés dans le cours de cette session, elle
lui vote des remercîmens au nom d'Israël.

L'assemblée applaudit à ce vœu, et arrête
que le discours de M. Lévi, de Nancy, qui a
exprimé les sentimens de l'assemblée, sera
inséré dans son procès-verbal. Le président
lève la séance.

Séance du 6 Avril 1807.

LE président ouvre la séance à une heure.
Le secrétaire fait lecture du procès-verbal
de la séance du 30 mars. Après quelques
observations, l'assemblée en vote l'adoption.

M. le président prend la parole, et s'exprime en ces termes :

MESSIEURS ET COLLÈGUES,

« Je vous ai convoqués aujourd'hui, pour
vous donner connoissance de la lettre que
MM. les commissaires impériaux m'ont
écrite le 3 de ce mois ; je vais vous en
donner lecture.

Lettre de MM. les Commissaires impériaux à M. Furtado, Président de l'Assemblée des Israélites.

Paris, le 5 Avril 1807.

Vous pouvez, Monsieur, annoncer à l'assemblée que vous présidez, que son dernier arrêté, ainsi que l'adresse qu'elle a votée, ont été mis sous les yeux de l'Empereur. Après avoir si honorablement terminé ses travaux, elle peut se séparer.

Quant à nous, nous n'oublierons jamais le zèle dont nous avons vu tous ses membres animés, et les secours que nous avons puisés dans leurs lumières.

Nous avons l'honneur de vous saluer,

Signé, Math. MOLÉ, PORTALIS fils, et E. PASQUIER.

En conséquence de cette lettre, je dois vous annoncer que, nos travaux étant finis, chacun de nous peut rentrer dans ses foyers.

Mais, auparavant, qu'il me soit permis de vous exprimer le regret que j'ai de me séparer de vous, les souvenirs honorables que je

conserverai de tous ceux que cette circonstance m'a mis à portée de connoître, et les
sentimens de ma sincère gratitude pour la
confiance dont vous m'avez honoré.

J'ai fait tout ce qui a dépendu de moi
pour répondre dignement à vos vues et
pour remplir vos espérances.

La tâche qui nous étoit imposée étoit d'autant plus difficile, qu'elle étoit plus nouvelle.

Si nous avons quelquefois différé d'opinion sur les moyens, jamais nous n'en avons
différé sur le but.

Nous n'avons eu constamment devant les
yeux que l'honneur et le bonheur des Israélites.

Les collaborateurs que nous a donnés le
plus grand comme le meilleur des princes,
ont éclairé notre inexpérience, dirigé notre
marche, indiqué le but que nous devions
atteindre.

Quant à moi, Messieurs et chers collègues,
animé toute ma vie du désir de voir enfin
cesser l'abaissement de nos frères, j'ai gémi
plus d'une fois de reconnoître que les vertus
de quelques-uns d'entre eux ne reçussent
pour toute approbation que le dédain et le
mépris des hommes.

Cette injustice, qui prenoit sa source dans

des préjugés de religion, étoit comme un fardeau qui pesoit sur mon cœur : toutes les circonstances qui me présentoient quelque lueur d'espérance de voir s'opérer un changement d'opinion à notre égard, je les embrassois avec transport. Jugez, Messieurs, de la satisfaction que je dus éprouver, en voyant la mesure du Gouvernement relative à notre convocation! Je l'avouerai, je ne fus nullement effrayé de ce que sembloit présenter de menaçant le motif de cette convocation. Persuadé d'avance qu'il ne pouvoit émaner rien que de grand et de généreux de la part d'un Souverain illustre, mon ame, par un de ces mouvemens secrets que l'on sent bien mieux qu'on ne peut les exprimer, ne me permit de voir qu'un dessein magnanime dans un événement si nouveau. Vous le dirai-je? il me sembla dès-lors que je respirois plus à l'aise, que le jour de l'équité étoit enfin venu, et que ce résultat de la civilisation, si impatiemment attendu, si lentement mûri, nous étions près d'en jouir, à l'ombre des lois qui embrassent dans une égale protection les hommes des différens cultes.

Mes pressentimens ne m'ont point trompé, et tout jusqu'à ce moment n'a servi qu'à les vérifier.

Cependant je ne me dissimule point, et vous ne vous dissimulez pas plus que moi, qu'il reste encore beaucoup à faire par nous-mêmes, avant de parvenir à une parfaite incorporation sociale avec nos concitoyens. Ce sera, Messieurs, l'ouvrage du temps, qu'il est indispensable d'associer à des réformes de ce genre, quand on veut les opérer efficacement.

Afin de rappeler parmi nos frères, autant qu'il peut dépendre de nous, les sentimens de morale civile dont il importe de pénétrer leurs ames, nous vous proposerons un projet d'exhortation, que nous croyons utile de répandre, non-seulement parmi nos concitoyens français et italiens, mais encore parmi les étrangers, dont les députés ont assisté au grand sanhédrin, et que nous avons encore la satisfaction de voir siéger au milieu de nous. Les uns se glorifient d'être les sujets du frère de notre illustre Héros, roi adoré de ses peuples par sa sagesse, son courage, son inviolable amour pour la justice, et toutes les vertus douces et généreuses qui font donner à un monarque le titre touchant de père de ses sujets; les autres, d'être soumis aux lois d'un prince ecclésiastique, également illustre par sa piété, ses hautes vertus, ses grandes

lumières et sa douce philantropie. Ah! que les
uns et les autres portent parmi leurs frères
l'expression des vœux sincères que nous formons, pour qu'à l'imitation du Héros de la
France, les souverains et les peuples reconnoissent que parmi les moyens de rendre une
classe d'hommes estimable, l'un des plus in-
fluens, peut-être, est de leur inspirer le sentiment de leur dignité, de les élever à leurs
propres yeux, et de leur donner la noble
émulation de justifier par leur conduite la
bienveillance et l'estime de leurs concitoyens.

Et vous, Messieurs et chers collègues,
prêts à rentrer dans le sein de vos familles,
combien il doit être consolant et doux pour
vos cœurs d'y arriver la conscience pure et
l'esprit satisfait de tout le bien que vous avez
préparé à Israël ! Toutes vos délibérations,
grâces à la sagesse qui vous a dirigés dans le
cours de votre mission, portent l'empreinte
ineffaçable d'un sentiment profond d'amour
pour la justice, d'une morale pure, d'une religion éclairée, d'une noble franchise de principes et de caractère. Nous avons craint, sans
doute, en entrant dans une carrière si nouvelle, en discutant de si grands intérêts, de
n'y point porter ces vues étendues, cette

maturité de la raison , qui ne s'acquiert que par une longue expérience des hommes et des choses , et qui semble être l'exclusif apanage des hommes habitués à traiter des affaires d'état. Notre zèle a suppléé à notre insuffisance , et chacun de nous peut se dire en lui-même : « J'ai fait le bien ; je n'ai pas eu une » pensée qui n'ait eu pour but le bonheur » de mes frères, la félicité publique , et la » satisfaction du grand Monarque qui ne se » complaît que dans le spectacle des heureux » qu'il a faits. »

L'assemblée applaudit au discours de son président, et, pour lui donner une nouvelle preuve de sa satisfaction, elle en vote l'impression, et l'insertion au procès-verbal.

Il communique ensuite à l'assemblée le projet d'exhortation suivant, qu'il annonce comme l'ouvrage d'un membre de l'assemblée :

« Israélites de France et du royaume d'Italie, la Providence a répandu sur vous de grands bienfaits ; elle a choisi pour l'instrument de ses desseins l'un des plus puissans monarques de la terre. Il veut que notre antique religion se montre au milieu du cortége des vertus publiques. C'est dans le transport de leur alégresse que vos députés viennent vous entretenir aujourd'hui de ce qu'il vous reste à faire pour votre félicité, des justes espérances qu'il vous est permis de concevoir, et des sentimens de reconnoissance qui doivent pénétrer vos ames.

» Rappelez à vos esprits l'époque de notre convocation. D'une partie de ce vaste empire s'élèvent contre quelques Israélites mille voix accusatrices : on parle de débiteurs accablés sous le fardeau de leurs dettes ; on dépeint une ancienne province comme menacée toute entière par l'invasion d'une armée de prêteurs. La vérité présentoit en effet les agriculteurs compromis par des engagemens inconsidérément contractés, aveuglément accumulés. Ces plaintes parviennent aux pieds du trône d'un Prince qui, unissant au désir de rendre justice à chacun cette sage prudence, la première de toutes les vertus de l'homme, oppose d'abord une digue au torrent, et se réserve ensuite d'examiner l'étendue et la cause de ses ravages.

» Cette cause n'est point dans nos dogmes ; leur examen a été fait, et la loi de Moïse est sortie plus pure et plus brillante de cette épreuve. Il est désormais évident que le précepte qui interdit de prendre intérêt entre frères, est une loi patriotique, un devoir de l'humanité, et que loin de permettre l'usure dans aucune circonstance ni envers qui que ce soit, étranger ou concitoyen, la religion la condamne.

» Nous avons dit que, dans tous les rapports établis par l'humanité, l'intérêt ou les institutions sociales, les Français sont nos frères, et que la France est notre patrie. Vous ne pouvez nourrir dans vos ames d'autres idées ni d'autres sentimens, et c'est la religion de nos pères qui nous commande en termes exprès ceux d'une bienveillante fraternité envers tous nos concitoyens.

» Ainsi, différens des Français dans notre manière d'adorer le Père commun des hommes, nous devons offrir, par nos habitudes, nos occupations, notre amour pour la patrie et son illustre Chef, une parfaite conformité avec eux; n'étant plus liés par des dispositions législatives particulières, nous ne formons plus une nation dans la nation.

» Gardons-nous donc de présenter désormais une disparate choquante entre nos dogmes et nos mœurs, entre nos mœurs et celles des Français.

» Les lois qui faisoient notre abaissement

n'existent plus : un grand Monarque a reconnu dans les torts de quelques-uns la cause du malheur de tous; les interprètes de ses volontés sont venus, comme des anges de paix, proclamer au sein de notre assemblée l'assurance de son auguste protection.

» Le plus beau sentiment que la Divinité ait inspiré aux hommes, l'équité, ne nous sera plus dénié : assurés de la trouver dans les autres, vous en ferez à votre tour la règle de vos actions; et cette habitude, en vous donnant le sentiment de votre propre dignité, vous donnera aussi ce tact délicat des convenances qui semble être l'instinct de l'honneur.

» Israélites, telle est aujourd'hui votre situation : vos devoirs sont tracés, votre bonheur est préparé. Au sein d'une sécurité parfaite, sur le beau sol de la France, vous pouvez goûter le charme de la propriété. Songez qu'elle attache plus étroitement à la patrie, qu'elle inspire cet esprit public, cet égoïsme national, source féconde de vertus civiles. L'agriculture appelle votre laborieuse industrie. Vos ancêtres partageoient leur vie entre la charrue et l'épée : lorsque la trompette guerrière les appeloit aux combats, ils y voloient avec ardeur; après la guerre, ils reprenoient leurs occupations rustiques, et se reposoient de leurs travaux sous l'ombrage de leurs vignes et de leurs figuiers.

» Ces généreux Israélites dédaignoient d'admettre un lâche dans leurs rangs belliqueux. La valeur nationale dicta l'usage consacré par Moise même, qui permettoit à quiconque sentoit défaillir son courage, de quitter l'armée.

» Vous êtes les descendans de ces hommes qui opposèrent aux Romains, déjà maîtres de l'Asie, une longue et courageuse résistance, et qui s'illustrèrent autant par leur généreux désespoir que leurs vainqueurs ne le firent par leur triomphe.

» Puissiez-vous mériter sur le champ d'honneur un regard approbateur du Héros favori de la victoire! puissent vos cœurs s'enflammer au souvenir des grands modèles que vous offrent vos ancêtres, à la vue des braves qui immortalisent aujourd'hui le nom français! alors vous sentirez un invincible dégoût pour un trafic ignoble qui rétrécit l'ame et dégrade le caractère.

» Israélites, vous vivez au milieu d'une nation généreuse et sensible. Pour vous identifier avec elle, pour conquérir son estime, aucun sacrifice ne doit vous paroître pénible.

» Hâtez-vous d'inculquer dans l'esprit de

vos enfans les principes régénérateurs garans de la fidélité d'Israël. Qu'ils deviennent des citoyens utiles et laborieux ; associez-les aux travaux de l'agriculteur ; employez leur activité dans les ateliers ; développez leur intelligence dans les écoles publiques : qu'ils en rapportent une instruction utile, et cette fraternité que les liaisons de l'enfance établiront entre eux et les jeunes Français d'une religion différente.

» Interprètes de la religion, concourez au grand œuvre de la régénération d'Israël. Rassemblés en grand sanhédrin , vous avez déjà montré combien votre piété étoit éclairée : en consacrant les maximes de la justice, recommandez-en la pratique. Plus vous inspirerez aux Israélites de vertus douces et sociales, plus vous ouvrirez leurs ames aux sentimens sublimes de la religion.

» Israélites, de toutes les classes, il est arrivé, le jour marqué par le doigt de l'Éternel, le jour qui doit décider entre vous et vos détracteurs, entre dix-huit siècles de vicissitudes malheureuses et la philantropie de notre âge. L'Europe prononcera votre arrêt ; mais votre conduite le dictera.

» L'amélioration de l'état social de vos coreligionnaires, amenée graduellement depuis un siècle, a déjà influé sur leurs mœurs. Comptez, pour les progrès futurs, sur l'enthousiasme dont le seul nom de votre Empereur remplit toutes les ames ; réfléchissez que la fortune, pour lui seul constante, couronne toutes les entreprises de ce grand homme.

» Des plages de l'Afrique, il revient porter l'espoir dans nos contrées désolées. La France reconnoît en lui l'auteur de sa félicité ; l'Italie le salue comme le restaurateur de son antique prospérité ; le Sarmate le proclame son libérateur. Que de titres à la vénération des peuples ! Il en a un de plus à vos yeux, celui de régénérateur.

» Oui, dans l'immortelle et profonde effusion de notre reconnoissance, nous lui donnons tous avec transport ce nom gravé dans nos cœurs.

» Israélites, vous vous êtes distingués dans tous les temps par votre attachement à la religion de vos pères. L'aspect même des bûchers n'a pu ébranler votre foi. Vous ne pouvez plus séparer ce sentiment pour la religion, de celui qui vous lie au Prince qui la protége. Défendez avec le même amour, la même intrépidité, son auguste personne. Jurons ensemble fidélité inviolable au Dieu d'Israël ; fidélité inviolable à NAPOLÉON LE GRAND. »

L'assemblée applaudit aux idées et aux sentimens exprimés dans ce discours, et charge son président de le communiquer à MM. les commissaires impériaux, afin de ne donner de la publicité à cette exhortation qu'autant qu'elle aura eu leur assentiment.

Elle délibère qu'il leur sera fait une députation de quatre de ses membres pour la remercier, en son nom, de leur bienveillance et de tout ce qu'ils ont fait pour le bien des Israélites des deux États.

Arrête en outre qu'un extrait du présent procès-verbal sera remis à MM. les députés de Hollande et de Francfort.

Le président lève la séance.

De l'Imprimerie de PLASSAN, Imprimeur de la Grande-Chancellerie de la Légion d'honneur, rue de Vaugirard, n.º 9, près de l'Odéon.

ACTES

DU

GRAND SANHÉDRIN.

AUJOURD'HUI, 4 février 1807, nous, membres de la commission des neuf, réunis dans l'hôtel de M. Molé, l'un des commissaires impériaux, en sa présence et celle de MM. ses collègues, avons procédé à la vérification des pouvoirs des membres, tant rabbins que laïques, qui doivent composer le grand sanhédrin, le tout conformément au réglement d'installation de ce corps. Il est résulté de cette vérification de pouvoirs, que les membres du sanhédrin sont les suivans; savoir :

NASSY.

SINTZHEIM (DAVID), rabbin, chef.

AB-BET-DIN.

SEGRE (SAUVEUR-BENOÎT), rabbin et premier assesseur.

CACHAM.

COLOGNA (ABRAHAM), rabbin et deuxième assesseur.

FURTADO,
CRACOVIA, rabbin, } rapporteurs.

MEMBRES RABBINS.

<table>
<tr><td></td><td>Noms des départemens.</td></tr>
<tr><td>FOA (Ventura),</td><td>Adriatique.</td></tr>
<tr><td>FINZI (Isaac-Raphaël),</td><td>Brenta.</td></tr>
<tr><td>SINTZHEIM (David), chef,</td><td>Bas-Rhin.</td></tr>
<tr><td>SPIRÉ (Élie),</td><td>Seine.</td></tr>
<tr><td>MAYER (Jacob),</td><td>Bas-Rhin.</td></tr>
<tr><td>SELIGMAN (Moïse),</td><td>Mont-Tonnerre.</td></tr>
<tr><td>KANSTADT (Moïse),</td><td>Mont-Tonnerre.</td></tr>
<tr><td>OURY-LÉVI (Jacob),</td><td>Bas-Rhin.</td></tr>
<tr><td>WOLF-EGER,</td><td>Meurthe.</td></tr>
<tr><td>SAMUEL (Isaac),</td><td>Bas-Rhin.</td></tr>
<tr><td>DELVECCHIO (Salomon-D.),</td><td>Reno.</td></tr>
<tr><td>GUNTSBOURG (David),</td><td>Haut-Rhin.</td></tr>
<tr><td>MODENA (Bonaventura),</td><td>Panaro.</td></tr>
<tr><td>SELIGMAN, de Durmenach,</td><td>Haut-Rhin.</td></tr>
<tr><td>CRACOVIA (Jacob),</td><td>Adriatique.</td></tr>
<tr><td>SELIGMAN, de Paris,</td><td>Seine.</td></tr>
<tr><td>HIRSCH (Lazare),</td><td>Bas-Rhin.</td></tr>
<tr><td>ANDRADE (Abraham),</td><td>Landes.</td></tr>
<tr><td>AARON (Moïse),</td><td>Haut-Rhin.</td></tr>
<tr><td>LÉVI (Samuel-Wolff),</td><td>Mont-Tonnerre.</td></tr>
<tr><td>BLOCK (Judas),</td><td>Haut-Rhin.</td></tr>
<tr><td>ARIANI (Prosper-Moïse),</td><td>Mincio.</td></tr>
<tr><td>WORMS (Aaron),</td><td>Moselle.</td></tr>
</table>

Segre, rabbin et premier
   assesseur, *Sesia.*
Guguenheim (Baruch), *Meurthe.*
Jaquia (Todros), *Pô.*
Calman, *Haut-Rhin.*
Nathan (Salomon), *Mont-Tonnerre.*
Wolf (Lazare), *Bas-Rhin.*
Cologna (Abraham),
   deuxième assesseur, *Mincio.*
Cohen (Mardochée), *Meuse.*
Rocca-Martino (Jo-
   seph), *Gard.*
Liberman (Samson), *Bas-Rhin.*
Milhau (Moïse), *Vaucluse.*
Rocca-Martino (Mar-
   dochée), *Gard.*
Zamorani (Bondi), *Bas-Pô.*
Samuel (Abraham), *Bas-Rhin.*
Neppi (Gracia-Dio), *Bas-Pô.*
Lion (Samuel), *Mont-Tonnerre.*
Deutz (Emmanuel), *Rhin-et-Moselle.*
Muscat (Abraham), *Gard.*
Lattis (Élie-Aaron), *Stura.*
Carmi (Jacob), *Crostolo.*
Brunswick (Jacob), *Haut-Rhin.*
Lévi (Samuel-Marx), *Sarre.*
Montel (Abraham) fils, *Gard.*

MEMBRES LAÏQUES.

CREMIEU (Saül),	*Seine.*
LATTIS (Aaron),	*Adriatique.*
FANO (Benoît),	*Mincio.*
BERR (Isaac-Berr),	*Meurthe.*
CAHEN (Abraham),	*Bas-Rhin.*
COHEN (Israël),	*Adige.*
CONSTANTINI,	*Bouches-du-Rhône.*
LEVI (David),	*Pô.*
SCHMOLL (Aaron),	*Seine.*
FORMIGGINI (Moïse),	*Olona.*
FRIEDBERG (Aaron),	*Mont-Tonnerre.*
LYON (Marx),	*Rhin-et-Moselle.*
FOY (Marc),	*Basses-Pyrénées.*
MAYER (Nathan),	*Sarre.*
FURTADO (Abraham),	*Gironde.*
WORMS (Olry-Haïm),	*Seine.*
WITERSHEIM (Samuel),	*Bas-Rhin.*
CERF-BEER (Baruch),	*Bas-Rhin.*
CERF-BEER (Lipman),	*Haut-Rhin.*
RODRIGUES (Isaac),	*Gironde.*
CERF-BERR (Théodore),	*Seine.*
GOUDECHAUX (Cerf-Jacob),	*Moselle.*
RODRIGUES (J.) fils,	*Seine.*
LORSCH (C.-L.),	*Mont-Tonnerre.*
AVIGDOR (J.-S.),	*Alpes-Maritimes.*

SUPPLÉANS RABBINS.

PRAGUE (Mendel),   *Seine.*
MOSBACH (Moïse),   *Seine.*
MILHAU (Bessalel),   *Gard.*

SUPPLÉANS LAÏQUES.

OTTOLENGHI,   *Montenotte.*
GHIDIGLIA,   *Pó.*
VITA (Émilie),   *Marengo.*
DREYFOUS (J.),   *Bas-Rhin.*
HIRSCH (Jérémie),   *Sarre.*
LEVI (Félix),   *Reno.*

BERR (Michel), *Scribe-rédacteur,* ⎫
                                   ⎪
SCRIBES,   ⎬ *Seine.*
                                   ⎪
BLOTZK (Heyem),   ⎪
VALABRÈGA (Jonas),   ⎭

Fait les jour, mois et an que dessus,

Signé, FURTADO, Président.

David ZINZEIMER.   ANDRADE.
SEGRE.   Jacob LAZARE.
COLOGNA.   Moïse LEVI.
CRACOVIA.   J. S. AVIGDOR, Se-
                      crétaire.

PROGRAMME.

LE jour fixé pour l'ouverture du grand sanhédrin, et une heure auparavant, les membres de l'assemblée actuelle se rendront à la synagogue, où il leur sera assigné des places.

Quelques minutes après, se présenteront à leur tour les membres du sanhédrin, et s'arrêteront à la porte. L'un d'eux, qui sera désigné d'avance, entonnera le verset 19 du psaume CXVIII : « Ouvrez-nous les portes » de la justice; nous y entrerons, et nous y » célébrerons l'Éternel. »

Le chantre de la synagogue répondra par le verset 20 du même psaume : « C'est ici » la porte de la maison du Seigneur; que les » justes y entrent. »

Alors les membres du grand sanhédrin pénétreront dans la synagogue, et prendront place du même côté.

Lorsque tous seront assis, le chantre entonnera les versets 24, 26 et 29 du même psaume.

(7)

Cela fait, quatre personnes chanteront en entier le psaume xix.

Lorsqu'elles auront fini, tous les assistans se leveront, se tourneront en silence et avec recueillement vers le tabernacle, dont les portes seront ouvertes trois minutes après.

Tous les assistans réciteront le texte :
« Écoute, Israël ; l'Éternel est notre Dieu, etc.
» Béni soit le nom glorieux du Seigneur » pour toujours.
» L'Éternel a régné et régnera à jamais. »

L'extraction du livre de la loi suivra cette invocation. L'un de MM. les rabbins, qui sera désigné à cet effet, posant la main droite sur le livre, récitera la prière faite à l'occasion de l'ouverture du sanhédrin.

Cette prière sera suivie de celle usitée pour le Souverain et la famille impériale, en y ajoutant un passage pour la conservation de nos armées, la victoire et la paix.

Après cela, l'assemblée sortira, les membres du sanhédrin les premiers, pour se rendre au lieu où se tiendront les séances.

Installation et mode de délibération du grand Sanhédrin.

Article premier.

Le grand sanhédrin ne s'assemblera que lorsque tous ses membres seront réunis à Paris, que leurs pouvoirs auront été vérifiés, et que son chef, ses deux assesseurs et les deux scribes, auront été nommés.

I I.

Les pouvoirs seront vérifiés par la commission des neuf, en présence des commissaires de sa Majesté.

I I I.

Les rabbins exhiberont leur nomination par le préfet, et prouveront qu'ils sont rabbins et qu'ils savent l'hébreu : ils déclareront leur âge. Les autres députés exhiberont leur nom.

I V.

Sur la présentation d'une liste triple de candidats, formée par les commissaires de sa Majesté, son Excellence le Ministre de l'intérieur nommera le chef du sanhédrin, qui sera nécessairement un rabbin, son premier et son second assesseur, et les deux scribes.

V.

Quatre jours avant l'ouverture du grand sanhédrin, l'assemblée sera convoquée pour entendre le rapport de sa commission des neuf sur la rédaction des projets soumis au grand sanhédrin.

V I.

La cérémonie de l'ouverture du grand sanhédrin est réglée par une disposition particulière.

V I I.

Après l'ouverture du grand sanhédrin, chaque membre prendra sa place; le chef se couvrira, et proclamera que le grand sanhédrin est installé et constitué; tous les membres se couvriront : le chef récitera à haute voix la prière suivante......, précédée du psaume xv. Tous les membres répondront *Amen.*

V I I I.

Le chef fera donner lecture du procès- verbal de la vérification des pouvoirs, dressé par la commission des neuf.

I X.

Le procès-verbal d'installation sera dressé et envoyé de suite à son Excellence le

Ministre de l'intérieur, et à MM. les commissaires de sa Majesté impériale et royale.

X.

A l'ouverture de chaque séance, le chef
du grand sanhédrin récitera le psaume xv,
et la prière dont il est parlé en l'article vii.

X I.

La salle du grand sanhédrin sera disposée
en demi-cercle. Les membres se placeront
par rang d'âge : le plus âgé sera immédiatement à la gauche du chef, et ainsi de suite.

X I I.

Le grand sanhédrin ne pourra délibérer,
si soixante membres, au moins, ne sont présens à la séance.

X I I I.

Les rapports sur les objets soumis à la sanction du grand sanhédrin, lui seront faits par
deux rapporteurs, membres de la commission
des neuf. La commission nomme MM. Furtado
et Cracovia pour ses rapporteurs.

X I V.

Lorsque les commissaires rapporteurs auront soumis un projet de décision au grand
sanhédrin, la délibération sera ajournée à

huit jours ; dans l'intervalle, chaque membre du grand sanhédrin pourra porter ses observations écrites, et signées de lui, à la commission, qui en fera son rapport aux commissaires de sa Majesté, et ensuite au grand sanhédrin, le jour où la huitaine expirera ; après ce dernier rapport, il sera procédé, par appel nominal, aux délibérations auxquelles il pourra donner lieu. Il n'y aura jamais de discussion dans le grand sanhédrin.

X V.

Les délibérations du grand sanhédrin, sur les objets soumis à sa sanction, auront lieu par appel nominal. Cet appel sera fait par le premier assesseur, en commençant par le plus âgé, jusqu'au plus jeune ; le chef votera le dernier : à l'appel de chaque membre, il répondra par oui ou non. L'un des secrétaires écrivains tiendra note des votes affirmatifs, et l'autre des votes négatifs ; ils remettront les deux notes au chef, qui en fera le compte, et proclamera le vœu du grand sanhédrin, à la majorité absolue des suffrages.

X V I.

Les séances du grand sanhédrin auront lieu les lundis et les jeudis.

Prière des Membres du Sanhédrin.

Psaume XV.

Seigneur et unique Dieu, vous avez créé les cieux et tout ce qu'ils renferment: l'armée céleste, la terre et ce qui la couvre, la mer et ce qu'elle contient, sont l'ouvrage de vos mains. C'est vous qui avez donné l'être et la vie à toutes les créatures, et le firmament vous rend hommage.

L'homme, le dernier dans l'ordre de la créa-tion, est par vous le premier dans l'ordre de la perfection. Vous l'avez rendu supérieur à tout ce qui a vie, et par le don de l'intelligence vous l'avez rendu presque aussi parfait que les anges.

Vous avez signalé, Seigneur, vos bontés sur Abraham, Isaac et Jacob, vos serviteurs. Parmi les nations qui sont votre ouvrage, c'est dans les descendans de ces saints patriarches que vous avez élu votre peuple chéri.

Vous lui avez apparu sur le mont Sinaï dans tout l'éclat de votre gloire: là votre voix s'est fait entendre; elle a dicté ces lois éternelles

(13)

de justice et de vérité à votre serviteur fidèle;
vous l'en avez rendu dépositaire; vous lui
avez prescrit de les transmettre à Israël, afin
qu'il les observât.

Seigneur, notre père, malgré nos péchés
et notre désobéissance, vous n'avez point
retiré de nous votre clémence infinie. Au
milieu des autres nations, vous avez veillé
sur nous; et lorsque nous avons été menacés
de leurs fureurs, vous avez suscité, pour nous
en garantir, des princes instrumens de vos
miséricordes.

Mais combien, Seigneur, vous nous com-
blez aujourd'hui de vos bienfaits, en inspirant
des sentimens paternels pour votre peuple à
Napoléon le Grand, que vous couvrez
de vos ailes, et qui règne si glorieusement
sur la France et le royaume d'Italie! Vous
avez ajouté à sa bonté naturelle les trésors
de votre bonté divine. Du haut de son trône,
il a jeté un regard sur les Israélites de ses
États : il n'a vu dans notre isolement, dans
nos maux, dans l'abus de nos saintes lois,
et dans l'imperfection de la civilisation parmi
nous, que l'effet des infortunes qui ont affligé Israël; et il a résolu de nous réunir au
nombre de soixante-onze en grand sanhédrin;
réunion sacrée, qui nous attribue le pouvoir

d'éloigner de nous le vice, et de nous rappeler à la vérité.

Seigneur, ce bienfait est une nouvelle marque de votre inépuisable miséricorde ; mais, à la vue des obligations que nous impose une si honorable vocation, nos cœurs palpitent, et nos ames sont saisies de terreur. Faites, grand Dieu, que par nous la vigne du Seigneur ne reçoive aucun dommage. Qu'oserions-nous entreprendre sans votre puissante protection !

Nous vous la demandons, Seigneur, cette protection ; ne nous la refusez point, vous qui donnez la science, qui éclairez de vos célestes clartés l'intelligence des mortels, vous de qui tout émane et sans qui l'esprit humain n'est qu'un abîme de ténèbres : nous venons dans votre temple saint, l'ame recueillie et le cœur attendri, réclamer votre assistance, et vous supplier de détourner vos regards de nos péchés, de nous pardonner nos erreurs, et de nous affermir dans la résolution de faire le bien.

Dieu puissant, qui voyez les cœurs, et à qui les actions les plus cachées sont connues, agréez nos vœux ardens pour la gloire de votre sainte loi. Lorsque nous serons assis sur les bancs du grand sanhédrin pour dicter des ordonnances à Israël, qu'un pur rayon de votre sagesse, lancé du sein de votre sanctuaire, vienne et nous illumine, afin que nous marchions dans vos voies, et que nous suivions les paroles que vous nous avez transmises par la bouche de nos pères.

Guidez-nous dans le droit chemin; inspirez-nous par vos conseils; éloignez des nôtres toute dissension. Que la concorde réside au milieu de nous, et que le sentiment du bien nous anime tous!

Préservez-nous des piéges de l'erreur; mettez vos paroles dans notre bouche. Rendez-nous facile ce que nous devons faire, et que notre langue ne profère que ce qui est conforme à votre volonté.

Soutenus par votre droite, Seigneur, il nous sera facile de réaliser la pureté de nos intentions, de donner à Israël des décisions qui raffermissent dans son cœur la croyance de nos pères, et de mettre en harmonie vos saintes lois avec celles de l'État.

Seigneur, par ce moyen nous obtiendrons grâce devant vous, et nous nous concilierons la bienveillance de la société.

Vous vérifierez par-là, Seigneur notre Dieu, les promesses que vous avez faites à Israël par la bouche de votre prophète: *Dieu m'a dit:*

Israël, tu es mon serviteur, dans lequel je me glorifie.

Enseignez-la moi, Seigneur, cette voie de vos commandemens, et je m'appliquerai toujours à la suivre.

Donnez-moi l'intelligence, afin que méditant votre loi, je m'attache de tout mon cœur à la garder.

Conduisez mes pas dans le sentier de vos préceptes ; car c'est le seul chemin que je veux tenir.

Rappelez-nous à vous, Seigneur tout-puissant ; jetez sur nous un de vos regards favorables, et nous serons sauvés.

On récitera la prière pour sa Majesté impériale et royale.

Séance du 9 Février 1807.

LE 9 février, à midi, les membres du grand sanhédrin se sont réunis dans la grande synagogue de la rue Saint-Avoye, où ils étoient attendus par les membres de l'assemblée. Ils ont fait précéder l'ouverture de leurs séances par une cérémonie religieuse. Après avoir invoqué l'éternel Arbitre des hommes et des événemens, et lui avoir demandé les lumières et la sagesse nécessaires pour s'acquitter dignement de leur mission, ils ont prié pour la conservation des jours de sa Majesté impériale et royale, de S. M. l'Impératrice, de toute la famille impériale, pour la continuation des succès des armées françaises, et pour le retour de la paix.

Ils se sont ensuite rendus dans le lieu destiné à leurs séances à l'Hôtel-de-ville. La salle étoit disposée, selon l'usage pratiqué dans l'antiquité, en demi-cercle; les membres se sont placés par rang d'âge, les rabbins d'abord, et les laïques ensuite. Par l'effet d'un réglement précédemment adopté, S. E. le Ministre de l'intérieur avoit nommé le chef du sanhédrin, connu autrefois sous le nom de *nassi;* le premier assesseur *ab-bet-din;* le second assesseur, *cacham.* Son Excellence avoit aussi désigné les scribes, pris hors de l'assemblée, également selon l'ancien usage.

M. le rabbin D. Sintzheim, de Strasbourg, a pris la place de chef.

MM. les rabbins Segre, de Verceil en Piémont, et Cologna, de Mantoue, ont pris place à côté de M. Sintzheim, l'un comme premier, l'autre comme second assesseur.

MM. Blotz et Jonas ont été appelés à remplir la fonction de scribes, avec M. Michel Berr.

Après l'ouverture, chaque membre a pris sa place : le chef s'est couvert, et a proclamé que le grand sanhédrin étoit installé et constitué; il a ensuite récité une prière précédée du psaume xv.

On a fait l'appel nominal pour constater le nombre des membres présens ; il s'en est trouvé soixante-dix. M. Cremieu, absent par indisposition, a été remplacé dans cette séance par M. Ottolenghi, un des suppléans, qui a complété le nombre de soixante-onze.

M. Avigdor, membre de la commission des neuf, a donné lecture du procès-verbal de la vérification des pouvoirs, dressé par cette commission en présence de MM. les commissaires de sa Majesté impériale et royale. Il a ensuite donné lecture d'un discours en français de la composition de M. le chef Sintzheim, dont la teneur suit :

Docteurs de la loi, et vous, sages d'Israël, glorifiez le Seigneur !

L'arche sainte, battue par des siècles de tempêtes, cesse enfin d'être agitée.

L'élu du Seigneur a conjuré l'orage, l'arche est dans le port.

O Israël ! sèche tes larmes : ton Dieu a jeté un regard sur toi ; touché de ta misère, il vient renouveler son alliance.

Grâces soient rendues au libérateur du peuple de Dieu !

Grâces soient rendues au Héros à jamais célèbre qui enchaîne les passions humaines, de même qu'il confond l'orgueil des nations !

Il élève les humbles, il humilie les superbes : image sensible de la Divinité qui se plaît à confondre la vanité des hommes.

Ministre de la justice éternelle, tous les hommes sont égaux devant lui ; leurs droits sont immuables.

Docteurs et sages d'Israël, c'est à ce principe sacré pour ce grand homme, que vous
devez le bonheur d'être réunis en assemblée
pour discuter les intérêts d'Israël.

C'est à la clémence du premier monarque
de l'univers que nous devons aujourd'hui la
faveur particulière de voir succéder à la première assemblée un tribunal imposant et auguste, le grand sanhédrin.

En fixant mes regards sur ce conseil suprême, mon imagination franchit des milliers
de siècles. Je me transporte au temps de son
institution, et mon cœur ne peut se défendre
d'une certaine émotion, que vous partagez
sans doute avec moi.

Docteurs et sages d'Israël, froissés encore
des chocs de la plus cruelle intolérance, qui
de vous auroit cru voir succéder un tel pro-
dige à tant de malheurs, et quel moyen de
s'acquitter envers le grand homme qui vient
de l'opérer ?

La tâche est grande, sans doute, et bien
au-dessus de nos facultés : mais le bon esprit
qui nous dirigera dans nos discussions, la
sagesse qui présidera à nos décisions, lui
prouveront du moins notre bonne volonté,
en lui montrant nos cœurs à découvert.

Placés entre les lois divines et humaines,

nous veillerons à la pureté des unes et à l'observation des autres.

Pleins de confiance en la miséricorde du Dieu d'Israël, nous nous rendrons dignes de la puissante protection de notre Souverain, et de la confiance de tous nos coreligionnaires, qui ont sans cesse les yeux fixés sur nous.

Docteurs et sages d'Israël, je m'humilie devant mon Dieu, je m'humilie devant les hommes, lorsque je pense à l'énormité du fardeau qui m'accable.

Une faveur toute particulière du Très-Haut peut seule me soutenir au bout de ma carrière : aussi le supplié-je instamment de me diriger et de m'inspirer dans le cours de nos travaux, afin de ne pas nous égarer de la voie du salut.

Avec des intentions pures, des cœurs droits, le désir d'opérer le bien, nous ne pouvons qu'être agréables à Dieu et au Héros qui vient de briser nos fers.

Docteurs et sages d'Israël, veillez et priez : vous allez prononcer sur le sort d'une nation trop long-temps avilie ; implorez les lumières de l'Éternel pour vous et pour moi, et demandez-lui sa sainte bénédiction. *Amen.*

On a arrêté que le procès-verbal d'installation seroit sur-le-champ envoyé par des dé-
putations à S. E. le Ministre de l'intérieur et
à MM. les commissaires. Le chef a nommé
pour la députation chez S. E. le Ministre,
MM. les rabbins Samuel Levi de Worms,
Jacques Mayer d'Oberney, avec MM. Formiggini, David Levi, Lipman Cerf-Berr
et Avigdor ; et pour celle chez MM. les
commissaires, MM. les rabbins Abraham
Andrade et Carmi, avec MM. Berr Isaac-Berr,
Théodore Cerf-Berr et Rodrigues fils. Il a
nommé ensuite MM. Jacob Lazare et Moïse
Levi, membres de la commission des neuf,
non élus du sanhédrin, inspecteurs de la
salle.

M. Furtado, président de la première assemblée, et M. Cracovia, rabbin de Venise,
tous deux membres de la commission des neuf,
ont été par cette commission nommés ses
rapporteurs, pour tous les objets arrêtés par
elle, et qui doivent faire la matière des délibérations du grand sanhédrin.

M. Furtado a fait lecture en français des
trois premières décisions sur la polygamie,
la répudiation et le mariage : il les a fait
précéder par le rapport suivant :

Rapport de M. Furtado au grand Sanhédrin, en lui proposant les trois premières Décisions doctrinales. *

Docteurs de la loi et Notables d'Israel,

Avant de vous entretenir de l'importance de la mission que vous avez à remplir, qu'il nous soit permis de vous exprimer les sentimens que votre présence nous inspire, et les espérances que cette grande solennité nous fait concevoir pour le bonheur de nos frères.

En contemplant cette assemblée d'hommes recommandables par leur piété, leur savoir et leurs vertus, nous nous croyons transportés dans cette antiquité vénérable, si bien décrite dans nos livres sacrés. Saisis d'étonnement et de respect pour la majesté de la religion, et rappelant à notre mémoire tout ce que nos annales y ont laissé de souvenirs sur les beaux jours de la cité sainte, il nous semble retrouver en vous, après un si long cours de siècles et de révolutions, cet aréopage auguste, institué pour aider l'interprète de la volonté de Dieu à supporter le poids de sa mission.

---

* Toutes les décisions se trouvent réunies à la fin des séances du grand sanhédrin.

Si notre existence parmi toutes les nations de la terre, si l'antiquité de notre origine, si nos longues adversités présentent un de ces phénomènes politiques qui fixent l'attention et commandent, pour ainsi dire, la surprise, notre convocation dans la capitale de la France, et sous la protection du plus grand des Princes chrétiens, l'existence inattendue d'un sanhédrin, de ce corps antique dont l'origine se perd dans la nuit des temps, cet intérêt de bienveillance qui se fait remarquer de toutes parts en faveur des restes dispersés d'Israël; des circonstances si nouvelles et si rares n'offrent pas un phénomène moins remarquable. Un événement si extraordinaire ajoute un nouveau trait au caractère de grandeur et de force qui imprime au règne de sa Majesté impériale et royale le sceau d'une éternelle mémoire.

Si quelque chose pouvoit ajouter aux sentimens d'admiration, d'amour et de reconnoissance que nous devons, comme citoyens, au Héros qui nous gouverne, ce seroit l'occasion solennelle qu'il nous offre aujourd'hui de rendre un éclatant hommage à la pureté de cette religion que ni le temps, ni les dispersions, ni les révolutions des empires, n'ont pu détruire. Éternels comme la nature, aussi durables que la société, ses principes ont dû survivre à toutes les vicissitudes humaines. Par-tout où la morale, la justice et la raison ont pu établir leur empire, et triompher ou des ténèbres de l'ignorance ou de l'égarement momentané des passions, il a fallu, par l'invincible effet de la nature des choses, reconnoître pour première base de toute association régulière, les commandemens de Dieu, qui nous ont été transmis par Moïse, et dont nous avons si fidèlement conservé le dépôt.

Cela est si vrai, qu'aujourd'hui que vous êtes appelés à convertir en décisions doctrinales les rapports d'harmonie qui existent entre ce type universel de toutes les lois et le code civil de la France et du royaume d'Italie, vous vous bornez à une application aussi simple que naturelle des principes et des maximes de l'Écriture sainte aux devoirs les plus importans de la société.

Vous le savez, docteurs de la loi et notables d'Israël, nul monarque jusqu'ici n'avoit conçu par quels moyens il pourroit nous soustraire à des préventions défavorables que l'habitude, plus encore que tout autre motif, attachoit au seul nom de Juif; nul n'avoit songé à s'assurer, par une interprétation

claire et positive de nos dogmes , si nous
pouvions être moralement préparés à la
jouissance pleine et entière des droits civils
et politiques ; nul, enfin , n'avoit eu l'idée
simple , mais féconde en résultats , puisqu'elle étend son influence et sur nous-mêmes,
et sur l'opinion des peuples parmi lesquels
nous vivons , de convoquer une assemblée
de députés israélites , de les interroger sur
leurs dogmes, leurs pratiques, leur hiérarchie ecclésiastique; d'accueillir leurs réponses,
et de vouloir qu'elles reçussent un caractère
dogmatique à l'aide de la formation d'un grand
sanhédrin. La plupart, au contraire , enchaî-
nés par des préjugés populaires qu'ils partageoient peut-être, guidés par une politique
incertaine et timide, imbus de la fausse idée
qu'il étoit impossible d'opérer notre régénération, attribuoient à nos dogmes des effets
qui n'étoient dus qu'à leurs lois ; et nous
reprochoient des habitudes qu'ils nous for-
çoient de contracter.

Il falloit, pour qu'un tel état de choses dis-
parût enfin, qu'après une révolution terrible
qui a renversé les trônes et les empires, qui
a opéré la subversion de toutes les institutions existantes, déplacé les hommes et les
choses, il sortît de ce chaos anarchique et

barbare, de nouvelles maximes de gouvernement, et que la Providence, par un bienfait signalé, plaçât sur le premier trône du
monde l'homme le plus étonnant que présente l'histoire.

C'est à ce puissant génie que nous devons
le bienfait de cette réunion mémorable qui
signale, pour les restes d'Israël, une ère nouvelle et de plus douces destinées.

Aucun siècle n'a commencé pour nous
sous des auspices plus favorables. Depuis que
nos ancêtres ont cessé de former un État, les
vicissitudes qui ont affligé notre existence,
n'ont été interrompues que par de courts
intervalles. Les nations se civilisoient : pour
nous seuls, elles restoient barbares. On eût
dit que la vanité humaine trouvoit un ali-
ment dans notre humiliation. Mais détour-
nons nos regards du tableau hideux de nos
calamités passées ; qu'un profond oubli ense-
velisse à jamais le souvenir de ces temps de
fanatisme et d'ignorance, où l'Israélite infortuné, errant, repoussé de la société des
hommes, sans patrie et sans asile, ne savoit
où reposer sa tête. Le progrès des lumières,
en donnant aux institutions et aux lois une
direction plus conforme au perfectionne-
ment de l'esprit social, a successivement

amélioré notre situation. Frédéric-le-Grand, par ses principes de tolérance ; Joseph II en Autriche, Léopold en Toscane, Alexandre en Russie, par leurs réglemens à notre égard, avoient commencé l'ouvrage de notre régénération : il étoit réservé au Héros du siècle de l'entreprendre sur un plan plus vaste, et de l'achever.

L'heureux changement qui s'opère aujourd'hui dans notre situation, résoudra un grand problème de législation et de morale sociale : on verra si, pouvant contracter des habitudes et un caractère vraiment national, si n'ayant que des motifs de sécurité par rapport à sa sûreté personnelle et à sa propriété, l'Israélite reste et persévère néanmoins dans l'éloignement qu'il a long-temps montré pour l'agriculture et les arts, pour les professions utiles et le métier des armes ; on verra si l'isolement dans lequel il a vécu, si l'habitude du commerce de l'argent et du prêt à intérêt, sont en lui le résultat d'un caractère particulier produit par sa religion, ou s'il faut leur assigner pour cause des événemens extérieurs indépendans de cette religion même.

Le concours simultané de la protection de sa Majesté, et de la pratique des préceptes

doctrinaux que vous allez prescrire, donnera
de ce problème la solution la plus honorable
aux enfans d'Israël.

'Ces préceptes, vous le savez, doivent renfermer en substance la doctrine contenue
dans les réponses faites par l'assemblée qui
vous a précédés. Ces réponses ont mis dans
le plus grand jour les rapports d'harmonie
qui existent entre la législation de Moïse
et le code civil de France et du royaume
d'Italie.

Appelés aujourd'hui à donner une sanction
religieuse à la doctrine que renferment ces
réponses, nous devons' tous nous pénétrer
de l'idée qu'en remplissant ce devoir sacré,
nous ne faisons que rendre plus sensible à
tous les esprits la liaison intime. qui associe
les devoirs que nous prescrit la religion avec
ceux que nous prescrit la société.

' Mais il falloit donner à cette doctrine plus
de consistance et de force ; il falloit la tirer
de l'ordre des inductions abstraites et du vague
des argumentations scolastiques , la résoudre
en maximes d'une application facile à des
objets sensibles , lui imprimer enfin un caractère religieux ; et telle est justement la
mission honorable et utile que vous avez à
remplir.

Ainsi, en convertissant en décisions doctrinales ce qui jusqu'à présent n'étoit qu'en
raisonnement, en faisant, comme l'a dit un
sage ministre , un *fait* d'une simple *thèse,*
vous donnez de nouveaux motifs de crédi-
bilité aux commandemens de Dieu, et par-là
vous remplissez une fonction essentiellement
religieuse.

Jamais il n'aura été plus évident que toute
sagesse vient de Dieu ; que sa loi est le principe fondamental de tout ordre, de toute règle
et de toute morale publique ; qu'elle est un
fonds inépuisable, où la prudence et l'intelligence humaine peuvent trouver tout ce que
requièrent la conservation et le bonheur des
sociétés.

Outre l'immense avantage qui résultera de
cette grande solennité sous le point de vue
dont nous venons de vous entretenir, il en
est un autre plus particulièrement applicable
à l'état présent des Israélites dans quelques
parties de la France et dans quelques États
de l'Europe.

La destinée plus ou moins heureuse de
l'homme sur la terre n'est pas sans doute
indifférente à l'accomplissement de ses devoirs envers son Créateur. Les religions
positives qui déterminent et prescrivent ces

devoirs, veulent qu'ils soient remplis avec la pureté, la dignité qui convient à leur objet. On peut avancer qu'il est plus conforme à la moralité de nos sentimens et de nos actions, de nous donner plutôt des motifs de reconnoissance, que des motifs de plainte et de murmure. Plus l'homme s'éloigne d'une situation abjecte, précaire, malheureuse, plus son ame s'élève jusqu'à la contemplation de l'arbitre souverain des mondes.

Ainsi, lorsque la seule différence de religion expose une classe d'hommes aux préventions de la haine, les fait abreuver de mépris, les prive du charme de l'estime de leurs concitoyens, les déshérite en quelque sorte des avantages de la société civile, cet état de choses, considéré sous le rapport de l'intérêt de la religion même, peut produire deux effets également déplorables : ou il jette dans un abattement qui ôte à l'ame cette pieuse énergie qui lui fait trouver dans l'idée de Dieu, de sa justice et de sa miséricorde, une source de consolations ; ou bien il inspire un dépit amer, un désespoir irréfléchi autant qu'impie pour des dogmes qui condamnent chaque jour ceux qui les pratiquent, au sacrifice de leur fierté naturelle ou de leur amour-propre.

La persécution peut ranimer quelquefois les impressions religieuses, mais elle conduit le plus souvent au *fanatisme*; au lieu qu'un mépris constant, qui s'exerce journellement par les humiliations qu'il fait subir, ne conduit qu'à la *superstition*, qui n'est qu'une dégénération complète de la vraie piété.

La bienfaisance du Prince, en vous appelant à concourir aux desseins magnanimes qu'il a conçus, vous facilite tous les moyens d'éviter ces dangereux écueils. C'est pourquoi tout ce que nous ne ferions pas pour élever nos frères à leurs propres yeux, pour exciter en eux une noble émulation, pour les encourager au service de l'État, pour leur faire un besoin de l'estime de leurs concitoyens, et les mettre en état de s'en rendre dignes par leurs talens et leurs vertus, ce seroit l'ôter à la gloire de la religion, à sa perpétuité, à la considération que tous les hommes instruits accordent du moins à sa vénérable antiquité.

Tels sont les inconvéniens que préviendra cette grande solennité, et les avantages inappréciables qui en seront la suite. On a souvent et quelquefois trop justement imputé aux ministres de la religion de substituer des observances minutieuses aux devoirs les plus importans de la morale. Vous allez consacrer par vos décisions une doctrine qui vous met à l'abri d'un pareil reproche, puisqu'elle fait dériver les rapports de l'homme avec son semblable, de ceux de l'homme avec son Créateur.

Il est inutile de vous dire que cette doctrine n'est point nouvelle; elle est aussi ancienne que Moïse et les prophètes. Si les principes qui la renferment n'ont pas été plus généralement connus, c'est que depuis notre dispersion aucun gouvernement, aucun souverain, n'en a permis la manifestation solennelle. C'est pour la première fois depuis deux mille ans qu'un grand homme et un souverain permet non-seulement cette manifestation, mais la provoque lui-même.

Ministres du culte, vous tous qui êtes voués à l'enseignement religieux, songez qu'en élevant l'ame de vos frères, en agrandissant l'intelligence de vos élèves, vous les rendrez d'autant plus dignes des regards de la Divinité. Qu'il nous soit permis de le répéter, plus l'homme créé à son image sort de l'abaissement et de l'humiliation, plus il se met en harmonie avec cette source de toute perfection.

Pénétrés comme vous l'êtes des avantages

tout-à-la-fois spirituels et temporels qui résulteront, pour tout Israël, de la pratique des décisions doctrinales qui vont vous être soumises, nous allons procéder, en conformité du réglement qui nous organise et nous constitue en grand sanhédrin, au rapport des trois premières, et du préambule qui doit les précéder.

M. Cracovia a fait lecture des mêmes décisions en hébreu selon la prononciation portugaise, et M. Berr Isaac-Berr selon la prononciation allemande.

Suivant les dispositions du réglement, la délibération a été ajournée à huitaine. La séance a ensuite été levée, et ajournée au jeudi suivant.

Séance du 12 Février 1807.

LE 12 février, à midi, le grand sanhédrin a tenu sa seconde séance. Le chef a récité la prière désignée dans le réglement, et l'on a passé de suite à l'appel nominal pour constater le nombre des membres présens; le sanhédrin s'est trouvé en nombre suffisant pour délibérer. Le chef a invité le secrétaire

à donner lecture du procès-verbal de la première séance.

Un membre a demandé que les décisions
du grand sanhédrin, avant d'être délibérées,
fussent imprimées et distribuées : on n'a rien
arrêté à cet égard.

Un autre membre a demandé pourquoi l'on
glissoit si légèrement dans le procès-verbal
sur le discours de M. Furtado, rapporteur,
en tête du premier point de doctrine.

Un troisième a demandé que ce discours
fût inséré en entier dans le procès-verbal;
ce qui a été arrêté.

Le chef a ensuite invité le secrétaire à
donner lecture des lettres de créance de
MM. Asser, docteur en droit, Litwag, ma-
thématicien, et Lehman, docteur en méde-
cine, députés israélites hollandais, présens
à la séance, envoyés par la synagogue
d'Amsterdam *Adath Ischourim*.

En vertu de l'invitation de la première assemblée, M. Asser a prononcé un discours
en français. MM. Litwag et Lehman en ont
prononcé un en allemand et en hébreu. Tous
les trois ont exprimé les sentimens de reconnoissance dont ils étoient pénétrés pour la
bonté divine, qui a jeté un regard favorable
sur Israël, en inspirant au Héros immortel qui

gouverne la France et le royaume d'Italie, l'idée de convoquer un grand sanhédrin pour cicatriser nos plaies. Ces trois députés ont annoncé en termes touchans leur attachement à leur souverain, leur fidélité à la religion antique et respectable de nos ancêtres, et leurs sentimens d'estime pour l'assemblée.

Le chef leur a répondu en hébreu, en applaudissant à leur zèle, et les a invités à l'honneur des séances. L'assemblée a été vivement émue de la présence de ces députés, qu'une réputation distinguée avoit précédés.

Le secrétaire a ensuite donné lecture de plusieurs lettres d'adhésion de communautés de France, du royaume d'Italie et de la confédération du Rhin, aux principes de doctrine religieuse que le sanhédrin doit sanctionner.

M. Furtado a lu le quatrième point de doctrine sur la *fraternité*. Il l'a fait précéder encore par un rapport, dans lequel il a montré sous leur vrai jour nos principes religieux sur la fraternité et sur les devoirs qui nous lient envers nos semblables.

Sur l'invitation du chef, M. Cracovia, membre de la commission des neuf, et Berr Isaac-Berr, ont donné la même lecture en hébreu. La délibération a été, selon le réglement, ajournée à huitaine. M. Furtado a aussi

donné lecture d'une lettre de MM. les commissaires de sa Majesté impériale et royale ,
qui annonce que le sanhédrin ne délibérera
que sur un seul article dans une séance.

La séance a été levée, et ajournée au lundi
suivant.

*Rapport de M. Furtado au grand Sanhédrin,
sur la quatrième Décision.*

Docteurs de la loi et Notables,

Dans votre séance du 9 de ce mois, il vous
a été présenté trois décisions doctrinales, sur
la polygamie, le mariage et le divorce. Nous
les avons fait précéder de quelques considérations générales sur l'ensemble des matières
qui doivent être successivement présentées
à vos délibérations. L'approbation que vous
avez donnée aux vues de vos commissaires
rapporteurs , annonce assez combien vous
partagez les espérances flatteuses que cette
circonstance leur fait concevoir pour le
bonheur des enfans d'Israël. Vous avez senti
l'avantage qu'il y avoit à résoudre en maximes
et en ordonnances doctrinales à la portée de
tous les esprits, les conséquences qui dérivent
des principes de notre sainte loi, afin de donner
plus de consistance aux rapports d'harmonie

qui se trouvent entre elle et le code civil de France et du royaume d'Italie.

La législation donnée aux enfans d'Israël par la bouche de Moïse, comme émanée de Dieu, renfermoit toutes les institutions nécessaires à un corps de nation. Ce code antique de lois constituoit la société religieuse en même temps que la société civile et politique. Moïse alla plus loin ; car il établit plusieurs règles qui se rapportent au droit des gens, c'est-à-dire, aux relations des nations entre elles.

Mais ces lois civiles et politiques ne pouvoient recevoir leur application qu'autant que le peuple d'Israël tenoit un rang parmi les puissances et formoit un État. Pendant qu'il subsista en corps de nation, il y eut obligation religieuse de suivre fidèlement les ordonnances du législateur divin, soit sous le point de vue civil et politique, soit sous le point de vue religieux ; et c'est ce que firent nos ancêtres : mais la désunion s'étant introduite dans Israël, et de puissans voisins ayant renversé son trône et ses autels, une dispersion générale fut la suite de ces grandes révolutions. Dès ce moment, l'Israélite, assujetti aux lois civiles et politiques des nations, fut obligé, par la nécessité des choses, de laisser

tomber les siennes. Alors s'introduisit la doctrine qui fit une obligation religieuse aux
restes dispersés d'Israël, de se soumettre aux
lois des États parmi lesquels ils vivoient, et
de les regarder en matière civile et politique
comme lois suprêmes.

Il n'en fut pas de même des lois qui constituent la société religieuse : elles restèrent
dans toute leur vigueur, et furent fidèlement
transmises de génération en génération, à travers le torrent des siècles, des persécutions
et des révolutions des empires. Cette rare
constance, que la calomnie a souvent flétrie
du nom d'obstination, reçoit aujourd'hui le
tribut d'éloges qu'elle mérite.

Affranchis ainsi par les événemens de l'obligation de suivre un autre code civil que
celui des nations qui nous donnent asile,
loin de regarder cette nécessité comme un
mal, nous dûmes la rechercher comme une
faveur ; plusieurs souverains nous la refu-
sèrent. Cependant nous ne pouvions exister
dans la société sans avoir des rapports avec
elle : ne pouvant vivre sous nos anciennes
lois, il falloit nécessairement qu'il nous fût
permis de vivre sous celles des nations ; et cet
usage s'est généralisé au point que, dans les
États où il existe de temps immémorial, les

Israélites, à quelques nuances près, ont contracté les habitudes et les mœurs des peuples de ces États.

On a cru long-temps que, comme les lois de la société religieuse étoient incorporées parmi nous à celles de la société civile, nous conservions des usages qui modifioient l'application de ces dernières, relativement aux trois objets des décisions présentées dans la précédente séance. Lorsque vous aurez adopté ces décisions, il ne restera aucun doute sur la conformité parfaite qui se trouve à cet égard entre le code civil et nos usages religieux.

A l'égard de la déclaration que nous vous proposons aujourd'hui sur les sentimens de fraternité qui nous attachent aux personnes qui professent une autre religion que la nôtre et qui obéissent au même souverain, l'expression de ce sentiment est tellement conforme aux commandemens de Dieu, aux devoirs de la morale et de la société, qu'ici c'est moins une doctrine que vous allez établir, qu'un fait que vous allez déclarer. En cette matière, nos livres sacrés offrent une abondante moisson d'autorités, qui nous prescrivent tout ce que peuvent inspirer aux hommes vertueux de tous les pays, les inclinations droites dont la nature et l'éducation les ont doués.

Séance du 16 Février 1807.

LE 16 février, à midi, le grand sanhédrin a tenu sa troisième séance. Le chef a récité la prière accoutumée. On a procédé à l'appel nominal : quelques membres se trouvant absens ont été remplacés par les suppléans.

Le secrétaire a lu le procès-verbal de la précédente séance. Un membre a demandé qu'il fût fait mention de l'adhésion des synagogues hébraïques tant de France et du royaume d'Italie que des pays étrangers, aux décisions du grand sanhédrin. On a répondu que l'énumération seroit trop longue, et que l'on ne pouvoit faire cette mention qu'en termes généraux.

L'ordre du jour appelle la délibération sur la polygamie. M. Furtado en donne lecture en français, M. Cracovia en hébreu ; et sur l'invitation du chef, M. Abraham Cahen fait la même lecture en hébreu selon la prononciation allemande.

Le premier assesseur fait l'appel nominal à haute voix, pendant que chaque membre donne son vote ; l'un des scribes recueille les votes négatifs, et l'autre les votes affirmatifs :

les listes sont portées au chef et aux deux assesseurs; et après les avoir vérifiées, le chef déclare que la première décision relative à la polygamie est adoptée à l'unanimité.

La séance est levée, et ajournée au jeudi suivant.

Séance du 19 Février 1807.

Le grand sanhédrin a tenu ce jour sa quatrième séance. Après la formule religieuse accoutumée, on a lu le procès-verbal de la précédente, qui a été adopté.

On annonce ensuite que MM. les commissaires impériaux avoient prévenu le chef qu'il pouvoit faire délibérer sur plus d'un article dans chaque séance; en conséquence, on passe à la délibération de la seconde et de la troisième décision doctrinale sur le divorce et le mariage. L'appel nominal a lieu sur l'une et l'autre avec la même formalité que dans la précédente séance. Le chef déclare que les deuxième et troisième décisions sont adoptées à l'unanimité.

On donne ensuite lecture des cinquième, sixième et septième décisions; après cette lecture, la séance est levée, et ajournée au jeudi suivant.

Séance du 23 Février 1807.

Ce jour, à une heure, le grand sanhédrin a tenu sa cinquième séance. Après la prière accoutumée, l'appel nominal a été fait. Le secrétaire a donné lecture du procès-verbal de la séance précédente, qui a été adopté. L'ordre du jour a appelé la délibération sur la quatrième décision doctrinale, *la fraternité.* Le chef, avant de passer à cette délibération, a prononcé un discours en hébreu sur cette matière. Il a ensuite invité M. Rodrigues fils, membre laïque du sanhédrin, à donner lecture de la traduction française de ce discours.

M. Furtado, rapporteur, a donné une seconde lecture de l'article en français. MM. Cracovia et Wittersheim l'aîné ont aussi fait la même lecture en hébreu.

La délibération a eu lieu, selon l'usage, par appel nominal; et le chef a déclaré que la quatrième décision étoit adoptée à l'unanimité.

L'assemblée, sortant un instant de la gravité religieuse qui la caractérise, s'est livrée à des applaudissemens unanimes en entendant proclamer comme doctrine de conscience des principes qui sont dans tous les cœurs, et qui rappellent les hommes de tous les cultes à des sentimens de bienveillance réciproque.

On a ensuite entendu un rapport de M. Furtado, sur les huitième et neuvième décisions sur le prêt d'argent, qui a reçu l'assentiment unanime de l'assemblée. Le chef et les deux assesseurs, sur la proposition qui en a été faite, ont déclaré qu'il seroit inséré dans le procès-verbal.

Après la lecture de ce rapport, M. Furtado a donné en français celle de ces deux décisions, et M. Cracovia en hébreu; et, conformément au réglement, la délibération a été ajournée à huitaine.

M. Cracovia a aussi prononcé un discours en hébreu, après lequel le chef a levé la séance.

Rapport de M. Furtado au grand Sanhédrin, sur les deux Décisions concernant l'usure.

DOCTEURS DE LA LOI ET NOTABLES,

Le sujet des deux décisions doctrinales que nous vous proposons aujourd'hui, a été

dans différens temps l'occasion de beaucoup
de discussions polémiques. Les théologiens
d'une part, les écrivains politiques de l'autre,
ont parlé sur l'intérêt de l'argent d'après
des maximes et des principes directement
opposés. Parmi les premiers, les uns ont
proscrit sans restriction ni modification le
loyer de l'argent; les autres, n'aspirant qu'à
un degré de perfection morale plus compa-
tible avec la foiblesse humaine, l'ont permis
dans certains cas, et défendu dans d'autres.
Parmi les seconds, les uns ont regardé la
fixation du taux de ce loyer par une loi
précise, comme favorable aux mœurs; les
autres, comme contraire à la libre circu-
lation des capitaux commerciaux; et par
conséquent à un plus grand développement
de l'industrie nationale et de la prospérité
publique. La solution de questions de cette
importance, à ne les considérer même que
sous le rapport de l'économie politique, devient d'autant plus difficile, que la question
elle-même a été plus long-temps débattue,
et que l'esprit de parti s'en est mêlé : aussi
ne sommes-nous point appelés à concilier
des opinions si diverses, mais uniquement
à exposer la doctrine du législateur sacré sur
la matière du prêt, et à fixer l'opinion des

Israélites de France et du royaume d'Italie sur le véritable sens de l'Écriture sainte à ce sujet.

Deux avantages doivent résulter de l'exposition de la véritable doctrine de Moïse sur le prêt à intérêt : le premier, de montrer que cette doctrine s'accorde avec les principes les plus sévères de la justice distributive ; le second, qui n'est, à proprement parler, qu'une conséquence du premier, d'établir que l'habitude du prêt à intérêt, reprochée aux Israélites de quelques parties de la France, et malheureusement avec trop de raison, n'est point un effet de leurs dogmes religieux, qui la condamnent en termes formels ; mais bien un abus résultant de la situation civile et politique dans laquelle ils ont vécu jusqu'à présent.

On est d'abord étonné que le reproche qui a été si souvent répété contre les Israélites, de s'autoriser de leur religion pour prêter à usure, leur soit fait par des hommes d'une autre religion fondée sur la divinité de la révélation de Moïse. Ils ont dit que l'usure étoit de précepte dans notre loi. Mais y ont-ils bien fait attention ? Si nous tenons notre loi de Dieu même, Dieu nous auroit donc commandé le crime ?

Cette erreur, vous le savez, a sa source dans l'interprétation erronée d'un seul mot. *Nechech*, en langue hébraïque, signifie un intérêt quelconque, et non un intérêt excessif, c'est-à-dire usuraire. La plupart des versions de la Bible, excepté celle d'Osterwald et celle des Portugais, appellent *usure* ce qui doit être rendu simplement par le mot d'*intérêt*. C'est sans doute ce qui a propagé l'opinion fausse et calomnieuse que la loi de Moïse commandoit l'usure, c'est-à-dire, une espèce de vol.

Mais rappelons le texte de cette loi, et rectifions la traduction erronée du mot *nechech*.

« Vous ne prêterez point à intérêt à votre » frère, ni de l'argent, ni du grain, ni quelque » autre chose que ce soit, mais seulement à » l'étranger. »

Que l'on traduise, au reste, le mot *nechech* par celui d'*usure* ou par celui d'*intérêt*, il n'exprimera pas moins toute sorte d'intérêt grand ou petit ; car nous avons démontré dans nos réponses que dans la langue hébraïque, et d'après le sens naturel et même nécessaire de ce mot, tout intérêt est usure, ou toute usure est intérêt. Nous avons établi, de plus, qu'il étoit impossible que *nechech* même, en ce qui concerne l'étranger, fût pris en mauvaise part, et pût jamais signifier ce qu'on entend par *usure* : car, disions-nous, cette dernière expression est relative, et il n'y en a pas une autre dans le texte qui serve de terme à sa relation, c'est-à-dire, qui en soit le diminutif; en sorte qu'elle est dans la langue hébraïque ce qu'est le mot *fœnus* dans la langue latine. Il est dès-lors évident que le but du législateur hébreu a été de condamner tout intérêt quelconque entre les Hébreux, en leur laissant la faculté de recevoir un intérêt légitime du *nochri*, c'est-à-dire, de l'étranger qui habitoit hors des frontières; car cet étranger n'ayant pas une législation qui lui défendît de prendre intérêt de ses voisins, il eût été absurde d'interdire à ceux-ci la faculté d'en prendre à leur tour. Les lois d'une juste réciprocité exigeoient que cette faculté existât chez les uns comme elle existoit chez les autres; et il étoit d'autant plus nécessaire de l'exprimer, que la prohibition subsistant de concitoyen à concitoyen, il falloit déclarer qu'elle ne regardoit pas les étrangers.

Mais, dira-t-on, comment se prêter à l'idée qu'un habile législateur ait pu défendre un intérêt légitime et modéré? S'il ne se fût agi que d'un intérêt de ce genre, l'auroit-il prohibé aux Israélites entre eux ? Ne peut-on pas croire qu'il n'a entendu interdire l'usure que d'Hébreu à Hébreu, tandis qu'il l'a commandée envers les étrangers comme un acte d'hostilité à leur égard ?

Comme si ce n'étoit point assez d'attribuer à la loi divine de donner la faculté à l'Israélite de vexer l'étranger par un intérêt ruineux, on lui attribue encore de prescrire une conduite si condamnable !

D'un autre côté, on transporte en idée les mœurs et les habitudes des nations modernes à la plus haute antiquité ; et l'on prête faussement à l'enfance des sociétés ce qui n'appartient qu'à leur âge mûr, et trop souvent à leur décrépitude.

Il est superflu de répéter ici le développement qui a déjà été donné dans les onzième et douzième réponses de l'assemblée sur l'état politique, civil et économique du peuple d'Israël dans la Palestine au temps de Moïse. Jamais les mœurs d'aucune nation ancienne, son gouvernement, ses lois, son culte, n'ont été plus exactement décrits que les nôtres. Tous les monumens de l'histoire attestent la simplicité de nos ancêtres. La vie pastorale et agricole étoit leur occupation ; des jeux rustiques, leurs seuls plaisirs. Ils n'avoient ni

manufactures, ni navigation ; tout leur commerce avec leurs voisins devoit naturellement se borner à quelques échanges, dans un
temps où l'argent étoit si rare, et ses divers
usages si bornés. Ils vivoient dans l'heureuse
ignorance de toutes ces somptuosités qui ne
sont connues que des nations grandes et opu-
lentes : ils jouissoient d'un bonheur sans faste,
et savoient pratiquer des vertus sans re-
nommée. Moïse ne vouloit faire d'eux qu'un
peuple de frères ; il vouloit maintenir l'égalité
des familles ; il vouloit qu'il n'y eût dans
Israël ni riches ni pauvres. De là les réglemens et les lois qui, après un temps déterminé, rétablissoient le niveau dans les propriétés. Quel besoin avoit-il de régler des matières de commerce, puisque toutes ses ordonnances tendoient à les éloigner de cet état,
et à les attacher à la seule industrie agricole ?

Voilà pourquoi Moïse défendit aux Hébreux, vis-à-vis de leurs frères, le loyer de
l'argent, du grain, ou de quelque autre chose
que ce fût ; et ce même loyer, il ne le com-
manda pas, mais seulement il le permit avec les
Gentils. Les rabbins mêmes, dit dom Calmet
dans son commentaire sur l'Exode, chap. XXII,
l'ont défendu avec les Gentils, de peur que
le fréquent usage qu'ils en feroient avec eux

ne les engageât insensiblement à le prendre
de leurs frères. C'est-là, ajoute le même com-
mentateur, une règle de leurs sages, qui révo-
quent en ce point la permission que la loi divine leur avoit donnée. Sixte de Médicis, dans
un ouvrage intitulé *De fœnore Judæorum*,
raconte que sous Philippe Archinto, vicaire
de Rome, les Juifs de cette ville déclarèrent
avec serment que l'usure ne leur étoit permise ni envers leurs frères, ni envers les
étrangers.

Cette déclaration étoit conforme à la religion et à la vérité, puisque ne pouvant
entendre par le mot *usure* qu'un loyer de
l'argent plus élevé que celui fixé par la loi de
l'État, ou qu'un loyer injuste, vexatoire,
ruineux à celui qui le paye, il ne pouvoit
pas être plus permis de le recevoir de l'étranger que de l'Israélite même, puisqu'il est
défendu de faire à autrui ce que nous ne voudrions pas qui nous fût fait, et que toute iniquité envers qui que ce soit est abominable
aux yeux du Seigneur.

Aussi pouvons-nous assurer, sans craindre
de nous tromper ou d'être désavoués, que de
tous les hommes connus sous la qualification
de *Juifs*, les plus infidèles à la loi de Moïse,
ceux qui la transgressent le plus ouvertement

dans ce qu'elle renferme de plus sacré , ceux enfin qui la méprisent et l'outragent avec le plus de scandale, sont ces êtres abjects qui, foulant aux pieds tout sentiment de justice, tout respect pour la parole de Dieu, tout remords de conscience, toute estime des gens de bien, se livrent encore à l'infame trafic de l'usure.

Un préjugé funeste attache depuis long-temps le nom de *Juif* à celui d'*usurier*, tandis que, dans la plus rigoureuse vérité, il ne peut point y avoir d'usurier à qui il soit permis, sans une sorte de profanation, de donner le nom de *Juif*. Ceux qui se qualifient tels, et qui pourtant exercent ce vil métier, en imposent à Dieu et aux hommes lorsqu'ils se prétendent sectateurs de la loi de Moïse. Ils ne sont ni Hébreux , ni Chrétiens, ni Mahométans; ils n'appartiennent à aucune religion : toutes les repoussent et les désavouent. L'athée ou l'idolâtre sont moins criminels , moins inexcusables qu'eux aux yeux de la Divinité : l'un la méconnoît, l'autre porte ses adorations à des animaux ou à des statues de pierre ou de bois ; mais ni l'un ni l'autre ne viole la loi qu'il ignore ; il ne feint pas de la suivre en l'outrageant, et ne profane pas les autels du vrai Dieu par un sacrilége hommage.

Docteurs de la loi et notables, nul d'entre vous ne sauroit révoquer en doute que si nous vivions encore sous les institutions civiles et politiques de nos ancêtres, si nous formions un État, si nous conservions les mœurs patriarcales du temps d'Abraham ou de Moïse; et qu'il existât dans Israël de ces hommes que l'opinion publique flétrit si justement sous le nom d'*usuriers*, nul d'entre vous, dis-je, ne doute qu'ils ne fussent ignominieusement chassés de son sein comme infracteurs des lois divines, et ne cessassent d'appartenir à la société religieuse et à la société civile.

Eh bien! ce qu'eussent fait les magistrats et les lois chez nos ancêtres, c'est à vous, Ministres du culte, qu'il appartient aujourd'hui de le faire, à l'aide de l'influence religieuse et morale que vous donnera le ministère respectable que vous remplirez.

Tonnez contre cette habitude déshonorante et antisociale; faites retentir la chaire de la maison du Seigneur, de ces vérités consolantes pour les bons, et terribles pour les méchans, dont la lettre et l'esprit de l'Écriture sainte vous présentent une si riche moisson. Ne prenez point l'apparence pour la réalité, ni le faux zèle pour la piété véritable : songez que trop souvent l'homme qui veut paroître le plus religieux, n'est pas toujours le plus honnête homme.

En agissant ainsi, vous rétablirez l'honneur d'Israël, vous seconderez les vues du plus grand comme du meilleur des Princes. Alors nous paroîtrons vraiment dignes de ses bienfaits , et nous montrerons avec un noble orgueil que l'on peut être en même temps Israélite et Français.

Séance du 26 Février 1807.

Ce jour, à une heure, le grand sanhédrin a tenu sa sixième séance. On a fait l'appel nominal : quelques membres absens ont été remplacés par des suppléans. Le procès-verbal de la précédente séance lu et adopté, l'ordre du jour a appelé la délibération sur les cinquième, sixième et septième décisions sous les titres de *Rapports moraux, Rapports civils et politiques,* et *Professions utiles.* La lecture en a été faite d'abord en français, puis en hébreu, selon l'usage. L'appel nominal a eu lieu sur chacune des décisions en particulier; elles ont été adoptées à l'unanimité; et la séance a été levée.

(55)

Séance du 2 Mars 1807.

DANS cette séance, le grand sanhédrin a
adopté les huitième et neuvième décisions
contre l'usure, ainsi que le préambule de
toutes les décisions précédentes. Le chef du
grand sanhédrin s'est ensuite exprimé en ces
termes :

DOCTEURS ET NOTABLES,

Vous allez prononcer aujourd'hui sur un
point de morale qui intéresse la masse générale du peuple d'Israël; vous allez disculper,
par vos décisions judicieuses, la loi de Moïse,
d'un vice qui ne tient qu'à la corruption du
cœur humain, mais que la haine, l'ignorance
et l'intolérance des siècles fanatiques, ont
regardé comme inhérent à la loi d'Israël.
Je veux parler de l'usure et de l'intérêt.

Docteurs et notables, c'est méconnoître
les attributs de la Divinité, que de supposer
qu'elle ait jamais pu inspirer des principes
subversifs de toute société; c'est méconnoître
la sagesse et les vertus de tant de docteurs
vénérables, qui, uniquement occupés de l'é-
tude de la loi, nous ont transmis des décisions

aussi sages que conformes aux principes de l'ordre social.

Il n'est malheureusement que trop vrai que plusieurs de nos frères, oubliant les préceptes de la loi, insensibles aux menaces terribles du Dieu d'Israël et à la censure des docteurs les plus estimés, ont fait l'usure, vice odieux, scandaleux; vice que l'Écriture condamne et réprouve en plusieurs endroits, comme si elle vouloit le signaler par-dessus tous les autres.

Celui qui *favorise* ce désordre odieux, le garant, les témoins et l'écrivain, sont également répréhensibles et punissables ; non-seulement au tribunal des hommes, mais encore au tribunal du Dieu d'Israël, qui prescrit à son peuple, comme un devoir spécial, de donner toujours l'exemple des bonnes mœurs, et de s'éloigner de toute iniquité. Les talmudistes n'ont-ils pas signalé hautement les vices que nous censurons aujourd'hui? n'ont-ils pas déclaré prévaricateurs et blasphémateurs de la loi, ceux qui s'abandonnent à tous ces excès?...... Ils ne ressusciteront point au jour du jugement!...... Ce sont encore ces viles sangsues du peuple que le verset qui proscrit l'usure veut désigner, en comparant leur conduite à la

morsure venimeuse d'un serpent : la plaie
paroît d'abord insensible ; mais le venin se
glisse peu à peu dans les veines, et porte
enfin avec lui les convulsions et la mort......
Tels sont effectivement les progrès de l'usure ;
peu sensible au commencement, elle s'ac-
croît d'une manière effroyable, dévore les
patrimoines, et porte dans les familles la
désolation et le désespoir.

Je le demande à ceux qui ont eu le malheur de s'abandonner à la cupidité, de quel
œil envisageront-ils le tableau de tant de
familles désolées?...... Comment pourront-
ils résister aux remords qu'une conduite indigne et barbare élève sans cesse au fond de
leur cœur?...... Comment oseront-ils lever
leur face vers le ciel, pour invoquer la clémence de celui qui est la source de tous les
biens, alors que leurs cœurs regorgent d'ini-
quités?......

Je ne trouve, pour atténuer un peu, mais
non pour disculper la conduite de ceux que
nous censurons aujourd'hui, que les malheurs
attachés à une longue et cruelle dispersion.
Privés, au milieu des hommes qui se flat-
toient d'avoir atteint le plus haut période de
la civilisation, privés, dis-je, de tous les
droits civils et politiques, déclarés inhabiles

à tous les emplois, à tous les métiers, ces malheureux ont sans doute lutté long-temps contre leur conscience, et se sont enfin laissé entraîner par une passion que la nécessité sembloit légitimer.

Mais ces temps de calamité, d'injustice, de haine et de persécution, sont déjà loin de nous. Le Dieu d'Israël a jeté un regard de commisération sur son peuple. Les difficultés qui entravoient l'observance de la loi sont levées : nous participons à tous les droits du citoyen, c'est à nous d'en remplir tous les devoirs ; c'est à nous de rappeler cette pureté primitive de morale de l'antique Israël ; c'est à nous de faire revivre cet esprit de charité et d'humanité qu'on admiroit dans nos ancêtres ; c'est à nous de menacer du sceau de la réprobation ceux qui s'abandonneroient encore à ce désordre affreux ; c'est à nous de laver Israël de la honte et du mépris attachés à un vice qui ne s'est introduit parmi nous que par les funestes effets de la plus cruelle intolérance ; c'est à nous enfin de proclamer hautement que l'usure est en opposition avec la loi, et que celui qui s'en rend coupable, attire sur lui non-seulement l'indignation des hommes, mais encore celle de Dieu.

Qu'on ne vienne pas nous objecter qu'un vice que la loi proscrit dans Israël, puisse être toléré envers les étrangers : il n'y a dans la loi ni deux poids ni deux mesures ; elle est une, et par conséquent obligatoire envers les étrangers.

Il est donc indispensable, il est donc de notre devoir de censurer hautement ces excès destructeurs de toute morale publique ; il est essentiel d'opposer une digue à ce torrent dévastateur. Que ceux qui se sont avilis, au point de méconnoître et d'altérer ainsi la pureté de la morale d'Israël, rentrent en eux-mêmes ; qu'ils rougissent de leur ignominie ; qu'ils s'empressent d'abandonner tous ces excès à ceux qui foulent aux pieds les principes les plus sacrés ; qu'ils inspirent à leurs enfans des sentimens conformes aux lois divines et humaines ; qu'ils reprennent, puisqu'ils en ont la liberté, l'agriculture, les arts et les métiers qui ont illustré nos ancêtres ; que la jeunesse ose enfin pénétrer dans le sanctuaire des sciences et des professions utiles : alors seulement, alors ils auront accompli la loi, et se rendront agréables et au Dieu d'Israël et aux hommes.

Nul ne m'objectera, sans doute, que les principes que je développe aujourd'hui, sont des principes de circonstances ; je les ai toujours professés, je les ai même publiés. Les clameurs de ceux qui se sont offensés de la vérité, n'ont contribué qu'à ranimer mon zèle et mon courage.

Je pense cependant, docteurs et notables, qu'il est de notre devoir d'établir une grande différence entre l'usure et le prêt au commerce. Il est reçu par-tout, que les États manufacturiers ne peuvent soutenir leur industrie qu'avec des capitaux souvent immenses ; alors ils ont besoin d'avoir recours à la fortune des citoyens : mais comme l'utilité de ce métal rejaillit alors sur toute la société, nous croyons devoir déclarer que le créancier peut, sans scrupule, tirer un certain bénéfice de son capital ; parce que ce seroit blesser toutes les lois de l'équité, que de vouloir que le prêteur n'eût pour lui que les mauvaises chances du commerce ; pendant que l'emprunteur réaliseroit une fortune aux dépens du premier ; mais il faut toutefois se conformer aux tarifs avoués par le Gouvernement.

Docteurs et notables, vos principes religieux, civils et politiques, me sont connus ; je me plais à les trouver en tout conformes à l'esprit de la loi, et j'en rends grâces à

Dieu. J'éprouve une grande satisfaction à vous manifester mes sentimens à cet égard. Que la déclaration que vous allez faire, relativement aux articles soumis à votre décision, serve de règle à tout Israël, parce que tout Israël n'y trouvera que les principes de la morale la plus saine et la plus pure.

Après quoi M. Furtado a prononcé le discours suivant, dont l'insertion au procès-verbal a été délibérée:

DOCTEURS DE LA LOI ET NOTABLES,

Vous venez de terminer l'importante mission qui vous a été confiée par un Prince dont les bienfaits changent la destinée des restes d'Israël, et font cesser l'anathème civil et politique sous lequel nous avons vécu depuis tant de siècles.

Les deux décisions doctrinales que vous avez délibérées aujourd'hui, et le préambule qui doit être placé à la tête de toutes celles qui les ont précédées, ont mis le sceau au ministère, tout-à-la-fois religieux et moral, que vous aviez à remplir.

Vous avez consigné dans ce préambule une déclaration qui, bien qu'elle ne soit qu'un

fait également attesté par le témoignage irré-
cusable de l'Écriture sainte, de l'histoire, et
de notre situation présente chez toutes les
nations de l'Europe et de l'Asie, n'en avoit
pas moins besoin d'être authentiquement reconnue et promulguée par un grand sanhédrin.

C'est principalement pour examiner le but
politique de cette déclaration, et les avantages sociaux que nous devons en attendre,
que je réclame un instant votre attention,
et sur-tout votre indulgence.

Mais, auparavant, qu'il me soit permis de
rendre ici un public hommage à la pureté de
vos intentions. Dans les fréquentes conférences que vous avez eues, dans les entre-
tiens qu'ont occasionnés les objets soumis à
votre examen et à vos décisions, vous n'avez
pas eu une pensée, vous n'avez pas éprouvé
un sentiment qui n'ait eu pour unique but
l'amélioration civile et morale des enfans
d'Israël, et l'ardent désir de seconder les
desseins magnanimes de sa Majesté en leur
faveur.

Toujours vous avez voulu allier ce qui
étoit dû au culte général de la religion,
avec ce que requéroient les circonstances où
se trouvent placés ceux qui la professent ;

vous vous êtes convaincus par vos propres lumières, que si ces circonstances n'exigeoient aucun sacrifice de la vraie piété, celle-ci, à son tour, n'avoit besoin d'en exiger aucun sur les avantages civils qu'elles promettent. Ainsi tout ce que l'homme pieux doit à son Dieu, le citoyen à son pays, le sujet à son souverain, vous vous en êtes acquittés, et vos décisions sont un pacte d'alliance entre la religion et la patrie.

Pénétrés de cette vérité fondamentale, que la loi divine ne peut inspirer d'autre éloignement ou d'autre mépris que celui du vice, vous avez fait de ce principe la base de votre doctrine, parce que ce principe s'accorde également avec la religion et avec la nature.

Vous y avez conformé principalement vos décisions sur tout ce qui tient aux sentimens fraternels qui doivent exister entre l'Israélite et ses concitoyens, quelque religion qu'ils professent, parce que vous avez reconnu que ces sentimens tenoient à une loi éternelle de sociabilité contemporaine de l'origine de l'espèce; loi universelle, qui a précédé tout l'appareil des institutions religieuses et politiques. Vous avez reconnu, dis-je, que bien loin qu'une religion positive abroge cette loi, elle la proclame hautement, et que plus cette religion est divine, plus elle consacre par ses dogmes ces principes conservateurs des sociétés humaines.

Vous avez empreint de ce même esprit vos décisions sur les rapports civils et politiques, sur les professions utiles, et enfin celles sur le prêt à intérêt.

A l'égard de ces dernières, vous avez senti que l'habitude de l'usure, née dans des temps malheureux, où la sûreté personnelle et la propriété étoient exposées à de fréquentes atteintes, devenoit inexcusable sous l'influence d'un gouvernement tutélaire, où elles trouvoient toutes leurs garanties.

Il étoit donc temps que cette habitude, si souvent reprochée aux Israélites comme un effet de leur religion, reçût par un tribunal israélite, essentiellement religieux, la flétrissure ineffaçable qu'elle mérite.

Par-là nous verrons disparoître peu à peu cette injustice de l'opinion, qui faisoit déverser sur tous le blâme mérité par quelques-uns, et qui avoit consacré en quelque sorte, à l'égard des actions individuelles, une solidarité morale entre une classe d'hommes, par cela seul qu'ils professoient la même croyance.

Cependant, malgré la doctrine consignée

dans nos décisions sur tous ces objets, il pouvoit rester quelque doute dans l'esprit de ceux
qui pensent que la législation de Moïse, sta-
tuant à la fois sur les devoirs spirituels et les
intérêts temporels, opposoit, en vertu de cette
réunion, des obstacles invincibles à l'entière
incorporation sociale de ce peuple avec ceux
des États qu'il habite.

Pour dissiper ce doute, il falloit donner
une base à nos décisions doctrinales, et poser
un principe dont elles fussent en quelque manière la conséquence et le développement.

Or ce principe est contenu dans le préambule que vous avez adopté.

Il établit la distinction qui existe entre les
lois religieuses et les lois politiques; il déclare
les premières indépendantes de la situation
éventuelle des Hébreux, et les secondes,
subordonnées dans leur exécution aux vicissitudes de leur état, au climat, aux mœurs,
aux lois des nations.

Ainsi, quoique l'Israélite orthodoxe puisse
croire que toutes les dispositions dont le code
mosaïque se compose, ont été également ré-
vélées, il n'est pas tenu de croire que toutes
soient également obligatoires.

Les unes fixent et déterminent les rapports
entre l'homme et son Créateur; les autres

entre l'homme et son semblable, considérés l'un et l'autre comme membres de la même société politique ; les troisièmes entre les sujets et leur souverain.

Les premières, qui appartiennent au domaine des consciences, sont, par cela même, indépendantes des événemens temporels, et, jusqu'à un certain point, de la juridiction civile; les secondes et les troisièmes, ne pouvant, par la nature des objets sur lesquels elles statuent, jouir de la même permanence, de la même immutabilité, n'enchaînent qu'aux circonstances des lieux, des temps, et de l'ordre politique auquel elles s'appliquent. Cet ordre politique renversé, ou dissous par des révolutions lentes ou inopinées, délie nécessairement de tous les devoirs qui naissoient de son existence et se conservoient par sa durée.

Or telle a été la destinée de l'ancienne théocratie hébraïque, et du gouvernement qui la modifia sous le régime monarchique, jusqu'à l'entière disparition de toute souveraineté dans Israël. C'est en vertu de ces considérations que vous avez pu faire, avec une pleine et entière liberté de conscience, la déclaration consignée dans le préambule des décrets doctrinaux.

Cette déclaration écarte désormais l'un des obstacles qui ont empêché jusqu'ici les gouvernemens de regarder les Israélites comme citoyens, et de les faire participer comme tels à toutes les prérogatives attachées à cette qualité, parce qu'il ne reste plus aux souverains qui seroient animés pour eux de quelque sentiment de bienveillance, aucun scrupule politique, aucune idée qui puisse faire croire que le regret qu'ils conservent de la perte de leur ancienne patrie, affoiblit dans leur ame l'énergie des sentimens publics qui identifient, pour ainsi dire, l'homme à la terre qui l'a vu naitre, comme l'enfant à la mère qui le nourrit.

Vous le savez, docteurs et notables, il s'étoit accrédité à notre égard, parmi tous les peuples de l'Europe, une opinion aussi fausse dans son principe, qu'elle étoit affligeante dans ses résultats, parce qu'elle faisoit attribuer à notre propre insociabilité ce qui n'étoit qu'un effet nécessaire de l'intolérance civile des nations envers nous. On voyoit presque par-tout l'Israélite concentrer le cercle de ses affections parmi ceux de sa religion ; on le voyoit se rapprocher toujours des siens, ne vivre qu'avec eux, ne fréquenter que leur société, n'habiter que la même enceinte, se rallier enfin dans un seul point, comme s'ils eussent eu à redouter sans cesse des hostilités de la part de tout ce qui les environnoit : semblables à ces peuplades de l'Amérique qui vivoient dans des craintes continuelles des embûches d'une peuplade ennemie, ou à ces castes des Indes à qui un certain honneur, que des préjugés de religion établissent, donne de l'horreur aux unes contre les autres. Plus cet isolement étoit grand, et plus les liens de la fraternité qui attachoient les Israélites entre eux étoient étroits. Le besoin de se défendre leur imposoit la loi de rester unis ; et cette union faisoit d'une classe assez nombreuse comme une seule famille. On en concluoit d'une part qu'ils formoient une nation dans la nation ; on pensoit de plus que le Juif étoit cosmopolite, qu'il étoit citoyen du monde entier, et que, par cela seul qu'il se trouvoit répandu dans tous les pays, il n'appartenoit en particulier à aucun, ou, en d'autres termes, qu'il étoit sans patrie.

Mais comme il n'est pas plus dans la nature de l'homme de se dépouiller des affections sociales, qui sont le produit de son organisation, que de ne point conserver un sentiment de préférence pour le lieu de sa naissance, ou pour celui dans lequel ses facultés phy-

siques et morales ont reçu leur premier développement, l'opinion qui nous supposoit
un détachement absolu de tout esprit de patrie, étoit moins une injure faite à une classe
particulière d'hommes, qu'à la nature humaine toute entière.

Non-seulement nous ne formions pas une
nation dans la nation, mais nous ne formions
pas même une religion constituée. L'arbre
antique planté par Moïse, battu et ruiné par
tant d'orages, ne couvroit plus de son ombre
les enfans d'Israël. Combien en effet n'est-il
pas d'observances tombées en désuétude ?
Que sont devenues les grandes solennités du
temple de Jérusalem ? Que sont devenues tant
de lois sur les sacrifices, sur les conventions
matrimoniales, sur les successions, sur l'année
sabbatique et l'année jubilaire, sur la pureté et
l'impureté, et sur tant d'autres pratiques dont
le souvenir seul s'est conservé dans l'histoire ?

N'y a-t-il aucune différence entre un corps
politique constitué, et un peuple dispersé
parmi tous les peuples de la terre ; entre un
corps de nation qui a existé il y a trois mille
ans, et les descendans de cette nation, répandus aujourd'hui chez toutes les autres, aux
lois desquelles ils sont religieusement tenus
de se soumettre, adoptant pour patrie les pays

qu'ils habitent, et ne conservant de leur ancien état que la seule manière d'adorer l'Éternel ?

Ignore-t-on que leur ancien gouvernement étoit théocratique ; que leur souverain spirituel étoit en même temps leur souverain temporel ; que chez eux les deux juridictions avoient résidé long-temps dans la même main ; que, cet ordre de choses ne prescrivant point l'indépendance de la société religieuse, comme un état naturel inhérent, toute hiérarchie ecclésiastique devoit disparoître avec la dissolution du corps politique ?

Il n'en fut pas ainsi d'une religion plus moderne. Lorsque l'Empire romain fut dissous, les monarchies qui s'élevèrent sur ses débris, l'adoptèrent. Dans ces temps d'ignorance et de confusion, elle contribua à adoucir la férocité des peuples, à les plier à l'amour de l'ordre, à les civiliser. L'influence qu'elle acquit par ses bienfaits, lui facilita les moyens d'agrandir son domaine, et les différens États lui reconnurent un chef visible.

Rien de semblable n'a existé parmi les Hébreux. Dans l'état de dispersion où ils ont vécu depuis tant de siècles, ils n'ont eu aucun chef de leur religion, aucun dépositaire particulier, aucun gardien de leur loi, aucun

(71)

régulateur de leur hiérarchie ecclésiastique. Leurs grands sanhédrins avoient disparu comme tant d'autres institutions, et c'est dans cet état que nous sommes parvenus jusqu'au moment présent.

Quoi qu'il en soit, l'opinion qui nous supposoit exclusivement attachés à une autre patrie terrestre, subsistoit toujours, et mettoit obstacle à une incorporation sociale assez intime pour que la ligne de démarcation entre les Israélites et les Chrétiens s'effaçât entièrement. Réduits ainsi à former des vœux impuissans, nous partageâmes long-temps les devoirs des sujets, sans participer à leurs droits; les charges de la société, sans jouir de ses avantages. A l'isolement produit par la différence de religion, se joignit l'isolement civil et politique. Nous n'étions que des étrangers à qui les gouvernemens donnoient asile; des hommes, s'il est permis de le dire, plutôt assujettis que sujets, plutôt domiciliés que citoyens, à qui l'humanité commandoit de laisser la jouissance des droits naturels, mais à qui une fausse politique défendoit d'accorder les droits civils.

Faut-il s'étonner, lorsqu'on réfléchit à l'effet moral d'un tel ordre de choses, que cet effet se soit manifesté chez la multitude ignorante, par un caractère vil et rampant ; chez les hommes doués de quelque élévation d'ame, par le besoin de chercher, dans l'acquisition de la fortune, un dédommagement à la privation de servir leur pays dans les emplois civils et militaires ?

En refusant ainsi à l'Israélite le bonheur de se dire à lui-même, *J'ai une patrie;* quelques-uns, en effet, ont pu croire, dans certains momens, qu'ils n'en avoient pas.

. . . .
. . . .
. . . .
. . . .
. . . .
. . . .
. . . .
. . . .
. . . .
. . . .
. . . .
. . . .

Maintenant que nous pouvons dire, avec un noble orgueil, que nous en avons une, ce n'étoit point assez d'avoir déclaré dans plusieurs de nos décisions, que nous reconnoissions pour telle la France et le royaume d'Italie, il falloit établir en vertu de quel principe nous pouvions faire cette déclaration. Or elle résulte naturellement de la distinction qui existe entre les dispositions essentiellement religieuses de notre loi, et les dispositions politiques qu'elle renferme. D'un côté, la garantie du gouvernement exigeoit qu'il fût fixé sur la question de savoir si ce principe pouvoit être religieusement déclaré, et, en cas d'affirmative, si c'étoit à un grand sanhédrin qu'appartenoit la faculté de statuer sur la proposition qui lui en seroit faite. D'autre part, comme la loi de Moïse réunissoit les deux têtes de l'aigle, et que les deux souverainetés résidoient dans la même main, il auroit pu arriver que quelques Israélites, remplis de la législation de Moïse, crussent leur conscience intéressée à ne point séparer la partie religieuse de la partie politique.

La déclaration que vous avez adoptée, réunit donc le triple avantage, 1.º de donner cette garantie ; 2.º de lever le scrupule dont nous parlons, s'il en pouvoit exister de cette nature ; 3.º de dissiper l'erreur qui attribue aux Israélites de n'être point attachés à la patrie qu'ils habitent.

Tel est, docteurs de la loi et notables, l'avantage d'une religion qui a des rites particuliers et un culte général. Le culte général s'est

maintenu ; les rites particuliers ont cessé,
quand ils sont devenus impraticables par le
transport de cette religion d'un seul pays dans
tant de climats divers.

Dans toute législation donnée pour une
contrée particulière, il doit y avoir des lois
de localité. Dieu, qui avoit établi la nôtre par
la voie de Moïse, voulut que son prophète
eût égard à ce qu'il avoit établi avant lui, en
créant la nature même.

Qu'il me soit permis, avant de finir, de
faire une réflexion que suggère la circonstance mémorable où nous nous trouvons.

Parmi les souverains que l'histoire nous
présente comme véritablement grands, il en
est peu qui n'aient été ou les fondateurs ou
les protecteurs de la religion ; mais trop souvent, en élevant ou en soutenant la majesté
d'une religion, ils ont terni son éclat, obs-
curci leur propre gloire, en devenant les
persécuteurs d'une religion différente. Il n'appartenoit qu'à un Souverain dont la vaillance
et le génie étonnent ses contemporains,
comme ils étonneront la postérité, de rétablir
la religion catholique, et de placer en même
temps auprès d'elle deux religions, dont
l'une, source commune des deux autres, sort,
pour la première fois depuis dix-huit cents

ans, de l'obscurité qui la faisoit méconnoître.

Comment acquitter l'immense dette de la reconnoissance, pour des bienfaits si grands? Dans les temps appelés héroïques, et qui l'étoient moins que celui où nous vivons, la reconnoissance déifioit les fondateurs des sociétés, ou les destructeurs des brigands qui désoloient les hommes paisibles adonnés à l'agriculture naissante. On les plaçoit, comme des dieux conservateurs, à la tête de la peuplade que leur génie avoit retirée du sein des forêts, ou que leur vaillance avoit sauvée de la férocité des hordes errantes; leur famille et leurs descendans recevoient, par la vénération des peuples, un caractère auguste qui les désignoit d'avance comme les héritiers naturels des héros dont ils étoient issus.

Docteurs et notables d'Israël, vous le sentez plus fortement que je ne pourrois l'exprimer : il n'est pas un seul des bienfaits qui attiroient sur les héros de l'antiquité ce concert unanime d'applaudissemens, de respects, de bénédictions de la part des peuples, dont nous ne soyons redevables, et comme Français et comme Israélites, à NAPOLÉON-LE-GRAND.

Jusqu'ici, ceux qui ont lu l'histoire des Hébreux modernes, n'y ont trouvé qu'une suite non interrompue d'exils, de confisca-

tions, de bannissemens, de violations de la
foi publique , de soulèvemens et de mas-
sacres, qui sont la honte de la raison et l'opprobre de l'humanité. Le lecteur est fatigué
de cette continuité de tableaux déchirans,
où l'on voit sans cesse l'innocent et le foible
succomber sous l'oppresseur puissant ; où les
hommes semblent se transformer en tigres,
pour dévorer une poignée d'infortunés qui
n'ont d'autre crime que d'adorer l'Éternel
d'une manière différente. Il existera donc
enfin, dans cette histoire , une époque
sur laquelle les vertueux amis de l'humanité pourront s'arrêter avec délices, et cette
époque est le règne à jamais glorieux du
Prince magnanime qui nous gouverne.

Séance du 9 Mars 1807.

LE 9 mars, à une heure, le grand sanhédrin a tenu sa huitième et dernière séance.
Le secrétaire a fait lecture du procès-verbal
de la précédente, qui a été adopté.

MM. Salomon Treves et Hildesheimer,
députés de la communauté israélite de Francfort, ont été admis, et ont présenté leur lettre
de créance. Le deuxième a prononcé un

discours éloquent et sage, dans lequel il a adhéré formellement, au nom de ses commettans, aux décisions doctrinales du grand sanhédrin de France et du royaume d'Italie, et béni la Providence d'avoir jeté un regard de faveur sur les restes dispersés d'Israël ; il a exprimé son admiration pour le Héros qui gouverne les Français ; il a parlé avec attendrissement et respect du Prince éclairé sous lequel ils ont le bonheur de vivre ; il conçoit l'espérance que ses commettans obtiendront un jour de leur Souverain l'amélioration de leur état civil. Le grand sanhédrin a voté l'insertion du discours de M. Hildesheimer dans le procès-verbal.

Les députés des Israélites d'Amsterdam, de la communauté *Adath Ischourim*, MM. Asser, Litwag et Lehman, ont été admis de nouveau, et ont aussi donné leur adhésion aux décisions doctrinales du grand sanhédrin.

Le chef a répondu aux uns et aux autres en hébreu ; il a applaudi à leurs démarches, loué leur zèle et leurs dispositions, et félicité l'assemblée de posséder dans son sein les députés d'une communauté qui honore le nom d'Israélite.

M. Furtado donne lecture d'une lettre de MM. les commissaires de sa Majesté impériale et royale, qui autorise le chef à clore les séances du grand sanhédrin.

Le chef a ensuite prononcé, en hébreu, un discours qui a produit la plus vive impression sur l'assemblée, et a invité M. Furtado à en lire la traduction française.

M. Furtado a demandé que le sanhédrin exprimât à son chef ses sentimens d'estime et de reconnoissance pour la manière distinguée avec laquelle il s'est acquitté de ses fonctions. Cette proposition a été adoptée à l'unanimité. Ensuite le secrétaire a donné lecture du procès-verbal de cette séance; il a été adopté. Le chef alors a fait annoncer, par un des inspecteurs de la salle, que les séances du grand sanhédrin étoient closes, et la séance a été levée.

Discours prononcé par le Chef du grand Sanhédrin, à la clôture des séances de cette assemblée.

DOCTEURS ET NOTABLES,

Gloire soit rendue à jamais au Créateur suprême par qui règnent les rois, et dont la sagesse éternelle fait naître dans l'esprit des législateurs, animés de sa sainte crainte, le

discernement du bien d'avec ce qui est mal ,
du juste d'avec ce qui est injuste, de ce qui est
permis d'avec ce qui est illicite, de ce qui est
immuable d'avec ce qui dépend des vicissitudes des temps et des lieux ; de ce qui porte
l'empreinte manifeste du sceau de la Divinité,
d'avec ce qui n'est revêtu que du type de la
fragilité humaine !

Le grand œuvre que le sanhédrin vient de
consommer aujourd'hui, est un de ces signes
éclatans de la puissante protection du Très-
haut ; c'est une de ces faveurs que le Seigneur
se plaît à distribuer à son peuple chéri, pour
faire diversion à ces terribles et cruelles afflic-
tions dont il lui a plu de l'accabler pendant
un nombre étonnant de siècles, pour éprouver
sa fidélité et le rendre digne de toute la gloire
qui l'attend.

Le Dieu d'Israël, impénétrable dans ses
décrets comme dans ses moyens, a consolé
son peuple tantôt par des hommes inspirés,
tantôt par des héros. Il veut aujourd'hui que
son troupeau fidèle reçoive une marque éclatante de ses bienfaits dans le premier Empire
de la terre, pour qu'ils puissent se répandre
sur tous les points du globe avec la prompti-
tude de l'éclair. Il a choisi pour instrument
de ses merveilles le premier Monarque de

l'univers, afin que les rois de la terre, jaloux d'imiter ou de suivre l'impulsion que ce grand homme vient de donner aux principes libéraux, portent dans l'esprit et le cœur de nos frères disséminés la paix, la joie et le bonheur.

Docteurs et notables, vous avez, dans le cours de vos travaux, reconnu et sanctionné des principes généraux et lumineux qui seront la pierre fondamentale de la prospérité future d'Israël. Image vivante de ce tribunal imposant dont l'origine se perd dans la nuit des temps, cette assemblée vénérable, revêtue des mêmes prérogatives, animée du même esprit, du même zèle, de la même foi, vient de proclamer des principes qu'on nous accusoit de méconnoître, parce qu'aucun prince n'avoit été jusqu'à ce jour assez généreux pour sonder nos cœurs et interroger nos consciences sur les bases de la morale d'Israël.

En faisant cette profession de foi, qui doit vous honorer à jamais, vous n'avez fait que mettre en évidence les maximes de la loi; vous avez disculpé Israël de l'opprobre dont on a voulu le couvrir. La loi, rappelée à sa pureté primitive, va reprendre son antique splendeur; et le buisson miraculeux de notre divin législateur va brûler d'une nouvelle flamme, sans jamais se consumer.

Vous avez reconnu que les hommes en société avoient plusieurs sortes de devoirs à remplir : devoirs envers le Créateur, devoirs envers la créature ; soumission, obéissance et respect envers les souverains. Vous avez reconnu le néant de la créature devant le Créateur ; pénétrés d'un saint respect pour ses ouvrages, vous n'avez eu garde de concevoir l'idée sacrilége de porter la moindre atteinte à ses commandemens ; vous avez couvert sa sainte loi de l'égide de votre foi pour en écarter les prévaricateurs et les profanes.

Vous avez reconnu des dispositions religieuses et des dispositions politiques ; mais vous avez déclaré qu'en outre-passant la ligne des premières, tout n'étoit que confusion et scandale.

Dieu a créé l'homme à son image et à sa ressemblance : c'est pourquoi, prenant pour base de votre conduite la bonté ineffable du Créateur, qui étend ici-bas ses bienfaits sur toutes les créatures, sans acception, vous avez proclamé l'amour du prochain.

Vous avez reconnu que le titre de Souverain entraîne avec soi le droit d'user du pouvoir sur tout ce qui est civil et politique ; vous avez avoué l'autorité du Prince et commandé la soumission à ses lois.

Vous avez reconnu la validité de certains actes civils; mais vous avez avoué leur incohérence religieuse.

Vous avez condamné certaines opinions antisociales, et vous avez dit avec Jérémie: « Priez pour la paix de la ville dans laquelle » vous êtes. »

Vous avez reconnu certains usages tolérés dans la Palestine; mais vous les avez condamnés ici, comme contraires aux mœurs des Européens.

Vous conformant aux préceptes du Dieu d'Israël, qui est un Dieu de paix, vous avez permis que, dans certains actes publics, la sanction civile précédât la sanction religieuse, pour marquer votre déférence aux lois de l'État.

Vous avez reconnu qu'il étoit de certains cas où les dispenses de quelques points de la loi devenoient nécessaires; la protection du Souverain et le salut de l'État vous faisoient un devoir de les accorder.

Vous avez censuré hautement deux vices que l'on regardoit comme inhérens à la loi de Moïse, mais qui ne dérivent que de la corruption du cœur; et vous avez prescrit et ordonné, comme antidote spécial, l'agriculture et les professions utiles.

Vous avez enfin signé le pacte social du peuple de Dieu avec les nations qui l'ont accueilli dans leur sein, et vous avez été les interprètes de la reconnoissance d'Israël envers l'auguste Souverain qui a surpassé par ses idées généreuses et libérales tous les monarques qui l'ont devancé.

Votre tâche est remplie ; nos vœux sont accomplis. Mais devons-nous, foibles mortels que nous sommes, tirer quelque vanité des œuvres que nous venons d'achever ?.... La gloire n'en appartient-elle pas toute entière au Dieu d'Israël ?...... Toute sagesse ne vient-elle pas de celui devant qui tout genou fléchit ?.... N'est-ce pas par ses saintes inspirations que nous sommes parvenus à concilier sa loi sainte, sa loi pure, avec les institutions de ce sage Monarque qui met toute sa confiance dans le Dieu que nous adorons, et qui reconnoît tenir son sceptre de sa toute-puissance et de sa grâce ?.....

Habitans de la terre, reconnoissez que les jugemens du Seigneur sont équitables ; reconnoissez que la loi d'Israël est parfaite ; reconnoissez qu'elle ne renferme aucun principe antisocial ; reconnoissez que toutes ses routes sont frayées par la douceur, que ses voies sont le salut et la paix : charité, justice, droiture, bienfaisance , tel est le précis de la morale d'Israël.

Si des malheurs sans nombre , des persé-cutions de toute espèce, ont été l'apanage du peuple de Dieu pendant une grande série de siècles ; si nous avons été en butte aux in-jures et au mépris des nations, nous nous sommes toujours soumis sans murmure aux décrets de la Providence; nous avons adoré le bras qui pesoit sur Israël ; nous nous sommes reposés sur la miséricorde infinie du Créateur, et nous nous sommes consolés par ses promesses; car le prophète Daniel a dit : « Lorsqu'ils seront tombés , ils trouveront un » peu de secours. »

L'Éternel a gardé sa promesse ; il a dit du haut de sa demeure sainte : « Quel est celui » qui viendra au secours de mon peuple ?.... » quel est celui qui le protégera ?.... Je l'ai » nommé mon élu ; ma volonté l'a choisi » pour être le dominateur des nations, et pour » répandre ses bienfaits sur les hommes. Le » héros dont les peuples de la terre recher-» cheront le salut et l'alliance, sera le libéra-» teur d'Israël. Le héros qui renversera le » trône des superbes et relevera celui des » humbles, est le héros que je destine à reti-» rer de la poussière les descendans de l'an-

» tique Jacob. Je réserve à mon peuple un
» protecteur grand par sa sagesse, grand par
» ses hauts faits, grand par ses lumières,
» grand par ses vertus. Je l'ai appelé, je l'ai
» sanctifié ; et toutes les nations reconnoî-
» tront par ses œuvres que je n'ai point ré-
» prouvé mon peuple, et que je n'ai point
» retiré mes affections du milieu d'Israël. »

Puissant Dieu de Jacob! tes bontés sont
ineffables, tes merveilles sont éclatantes,
ta puissance est infinie, ta miséricorde est sans
bornes!.... Quel changement subit et miraculeux vient de s'opérer sous nos yeux!....
Si nous ne pouvons encore te sanctifier avec
ces cérémonies imposantes que tu nous a
dictées, si nous ne pouvons encore accom-
pagner nos offrandes de cet appareil de rites
qui relevoit l'éclat du culte d'Israël, et dont
les étrangers étoient tellement éblouis, qu'ils
envoyoient en pompe leurs présens et leurs
victimes à la cité sainte, du moins, Seigneur,
nous est-il permis d'élever sans crainte nos
cœurs vers ton trône, de t'adresser nos vœux
et nos prières, et de proclamer hautement la
gloire de ton nom.

Ministres des volontés suprêmes de notre
auguste Souverain, vous, MM. les commissaires Molé, Portalis et Pasquier, permettez

qu'avant de nous séparer, je paye, au nom
du grand sanhédrin, le juste tribut d'éloges
dus au zèle, à l'activité, aux soins avec lesquels vous avez travaillé à la régénération
d'Israël. Surpris et touchés des empreintes
que nous portons encore du choc des passions
humaines, vous avez été frappés de notre
timidité; nos malheurs ont ému votre sensibilité ; vous avez reconnu dans notre abattement un outrage fait à l'humanité; vous nous
avez consolés, éclairés, soutenus, encouragés,
rendus à la dignité de la nature humaine ;
vous nous avez fait sentir que nous étions
vos semblables. Vous avez donc de justes
droits à la reconnoissance d'Israël ; vos noms
ne seront prononcés qu'avec respect, et passeront, avec celui de l'auguste Souverain
dont vous êtes les mandataires, à la postérité
la plus reculée.

Et toi, NAPOLÉON, toi le bien-aimé, toi
l'idole de la France et de l'Italie, toi la terreur
des superbes, le consolateur du genre humain, le soutien des affligés, le père de tes
peuples, l'élu du Seigneur, Israël t'élève un
temple dans son cœur ; toutes ses pensées se
porteront sans cesse vers tout ce qui peut
mettre le comble à ta félicité. Dispose, oui,
dispose entièrement de la vie et des sentimens

de ceux que tu viens de mettre au rang de tes enfans, en les faisant participer à toutes les prérogatives de tes sujets les plus fidèles.

Puissant Dieu d'Israël! nous t'invoquons avec ferveur, exauce nos prières! prolonge les jours de notre auguste Souverain, préserve-le de tout accident, couvre-le de l'égide de ta puissance; qu'il triomphe de tous ses ennemis; qu'il les force à demander une paix néces-saire au repos du monde entier; qu'il terrasse l'hydre formidable des passions humaines; qu'il puisse enfin venir bientôt au milieu de son peuple, pour y jouir des heureux qu'il a faits !.... Puissant Dieu des armées, pro-tége nos enfans, enflamme leur courage; qu'ils sortent triomphans de la lutte terrible à laquelle ils ont été injustement provoqués.

Et vous, docteurs et notables, vous, mes chers collègues, permettez qu'avant de nous séparer, je rende un hommage éclatant au bon esprit qui vous anime, à la fécondité de vos lumières, au zèle ardent avec lequel vous m'avez toujours secondé dans le cours de nos travaux. Vos principes sont purs; votre con-duite est exemplaire : demeurez toujours fermes dans la foi de vos pères; ranimez-la dans ceux en qui elle chancelle; car quiconque trahit les lois divines, ne tardera pas à fouler aux pieds les lois humaines. Vous allez emporter avec vous une bien douce satisfaction, celle d'avoir fixé les destinées d'Israël ; vos noms seront bénis à jamais, et passeront dans les empires les plus reculés.

C'est avec une pénible émotion, sans doute, que j'envisage le moment de notre séparation : mais, quelque part que Dieu m'appelle, mon esprit restera sans cesse au milieu de vous ; vos vertus seront toujours présentes à ma mémoire, et votre souvenir profondément gravé dans mon cœur.

Votre tâche est remplie : je proclame, conformément aux ordres qui m'ont été transmis, la clôture des séances du grand sanhédrin.

Gloire soit rendue à l'Éternel !

A M E N.

PRÉAMBULE DES DÉCRETS.

Béni soit à jamais le Seigneur, Dieu d'Israël, qui a placé sur le trône de France et du royaume d'Italie un Prince selon son cœur !

Dieu a vu l'abaissement des descendans de l'antique Jacob, et il a choisi Napoléon-le-Grand pour être l'instrument de sa miséricorde.

Le Seigneur juge les pensées, lui seul commande aux consciences, et son oint chéri a permis que chacun adorât le Seigneur selon sa croyance et sa foi.

A l'ombre de son nom, la sécurité est entrée dans nos cœurs et dans nos demeures ; et nous pouvons désormais bâtir, ensemencer, moissonner, cultiver les sciences humaines, appartenir à la grande famille de l'État, le servir, et nous glorifier de ses nobles destinées.

Sa haute sagesse a permis que cette assemblée célèbre dans nos annales, et dont l'expérience et la vertu dictoient les décisions, reparût après quinze siècles et concourût à ses bienfaits sur Israël.

Réunis aujourd'hui sous sa puissante protection dans sa bonne ville de Paris, au
nombre de soixante-onze, docteurs de la loi
et notables d'Israël, nous nous constituons
en grand sanhédrin, afin de trouver en nous
le moyen et la force de rendre des ordonnances religieuses conformes aux principes
de nos saintes lois, et qui servent de règle
et d'exemple à tous les Israélites.

Ces ordonnances apprendront aux nations
que nos dogmes se concilient avec les lois
civiles sous lesquelles nous vivons, et ne
nous séparent point de la société des hommes.

En conséquence déclarons,

Que la loi divine, ce précieux héritage de
nos ancêtres, contient des dispositions religieuses et des dispositions politiques ;

Que les dispositions religieuses sont, par
leur nature, absolues et indépendantes des
circonstances et des temps ;

Qu'il n'en est pas de même des dispositions
politiques, c'est-à-dire de celles qui constituent
le gouvernement, et qui étoient destinées à régir le peuple d'Israël dans la Palestine lorsqu'il
avoit ses rois, ses pontifes et ses magistrats;

Que ces dispositions politiques ne sauroient
être applicables depuis qu'il ne forme plus
un corps de nation ;

Qu'en consacrant cette distinction déjà établie par la tradition, le grand sanhédrin déclare un fait incontestable ;

Qu'une assemblée des docteurs de la loi réunie en grand sanhédrin pouvoit seule déterminer les conséquences qui en dérivent ;

Que si les anciens sanhédrins ne l'ont pas fait, c'est que les circonstances politiques ne l'exigeoient point, et que, depuis l'entière dispersion d'Israël, aucun sanhédrin n'avoit été réuni avant celui-ci.

Engagés dans ce pieux dessein, nous invoquons la lumière divine, de laquelle émanent tous les biens, et nous nous reconnoissons obligés de concourir, autant qu'il dépendra de nous, à l'achèvement de la régénération morale d'Israël.

Ainsi, en vertu du droit que nous confèrent nos usages et nos lois sacrées, et qui détermine que dans l'assemblée des docteurs du siècle réside essentiellement la faculté de statuer, selon l'urgence des cas, ce que requiert l'observance desdites lois, soit écrites, soit traditionnelles, nous procéderons dans l'objet de prescrire religieusement l'obéissance aux lois de l'État en matière civile et politique.

Pénétrés de cette sainte maxime que la crainte de Dieu est le principe de toute sagesse, nous élevons nos regards vers le ciel, nous étendons nos mains vers son sanctuaire, et nous l'implorons pour qu'il daigne nous éclairer de sa lumière, nous diriger dans le sentier de la vertu et de la vérité, afin que nous puissions conduire nos frères pour leur félicité et celle de leurs descendans.

Partant, nous enjoignons, au nom du Seigneur notre Dieu, à tous nos coreligionnaires des deux sexes, d'observer fidèlement nos déclarations, statuts et ordonnances, regardant d'avance tous ceux de France et d'Italie qui les violeront ou en négligeront l'observation, comme péchant notoirement contre la volonté du Seigneur, Dieu d'Israël.

ARTICLE PREMIER.

Polygamie.

Le grand sanhédrin, légalement assemblé ce jour 9 février 1807, et en vertu des pouvoirs qui lui sont inhérens, examinant s'il est licite aux Hébreux d'épouser plus d'une femme, et pénétré du principe généralement consacré dans Israël, que la soumission aux lois de l'État, en matière civile et politique, est un devoir religieux ;

Reconnoît et déclare que la polygamie, per-

(93)

mise par la loi de Moïse, n'est qu'une simple
faculté; que nos docteurs l'ont subordonnée à
la condition d'avoir une fortune suffisante pour
subvenir aux besoins de plus d'une épouse;

Que, dès les premiers temps de notre dispersion, les Israélites répandus dans l'Occident, pénétrés de la nécessité de mettre leurs
usages en harmonie avec les lois civiles des
États dans lesquels ils s'étoient établis, avoient
généralement renoncé à la polygamie, comme
à une pratique non conforme aux mœurs des
nations;

Que ce fut aussi pour rendre hommage à
ce principe de conformité en matière civile,
que le synode convoqué à Worms en l'an
4790 de notre ère, et présidé par le rabbin
Guerson, avoit prononcé anathème contre
tout Israélite de leur pays qui épouseroit
plus d'une femme;

Que cet usage s'est entièrement perdu en
France, en Italie, et dans presque tous les
États du continent européen, où il est extrêmement rare de trouver un Israélite qui ose
enfreindre les lois des nations contre la polygamie.

En conséquence, le grand sanhédrin, pesant
dans sa sagesse combien il importe de maintenir l'usage adopté par les Israélites répandus .

dans l'Europe, et pour confirmer, en tant que besoin, ladite décision du synode de Worms, statue et ordonne, comme précepte religieux,

Qu'il est défendu à tous les Israélites de tous les États où la polygamie est prohibée par les lois civiles, et en particulier à ceux de l'Empire de France et du royaume d'Italie, d'épouser une seconde femme du vivant de la première, à moins qu'un divorce avec celle-ci, prononcé conformément aux dispositions du Code civil, et suivi du divorce religieux, ne les ait affranchis des liens du mariage.

ARTICLE II.

Répudiation.

LE grand sanhédrin ayant considéré combien il importe aujourd'hui d'établir des rapports d'harmonie entre les usages des Hébreux relativement au mariage, et le Code civil de France et du royaume d'Italie sur le même sujet, et considérant qu'il est de principe religieux de se soumettre aux lois civiles de l'État, reconnoît et déclare,

Que la répudiation, permise par la loi de Moïse, n'est valable qu'autant qu'elle opère la dissolution absolue de tous les liens entre les conjoints, même sous le rapport civil ;

Que, d'après les dispositions du Code civil,

qui régit les Israélites comme Français et Italiens , le divorce n'étant consommé qu'après que les tribunaux l'ont ainsi décidé par un jugement définitif, il suit que la répudiation mosaïque n'auroit pas le plein et entier effet qu'elle doit avoir, puisque l'un des conjoints pourroit se prévaloir contre l'autre, du défaut de l'intervention de l'autorité civile dans la dissolution du lien conjugal.

C'est pourquoi, en vertu du pouvoir dont il est revêtu, le grand sanhédrin statue et ordonne, comme point religieux,

Que dorénavant nulle répudiation ou divorce ne pourra être fait selon les formes établies par la loi de Moïse, qu'après que le mariage aura été déclaré dissous par les tribunaux compétens , et selon les formes voulues par le Code civil.

En conséquence, il est expressément défendu à tout rabbin , dans les deux États de France et du royaume d'Italie, et dans tous autres lieux , de prêter son ministère dans aucun acte de répudiation ou de divorce, sans que le jugement civil qui le prononce , lui ait été exhibé en bonne forme , déclarant que tout rabbin qui se permettroit d'enfreindre le présent statut religieux, sera regardé comme indigne d'en exercer à l'avenir les fonctions.

ARTICLE III.

Mariage.

Le grand sanhédrin, considérant que, dans l'Empire français et le royaume d'Italie, aucun mariage n'est valable qu'autant qu'il est précédé d'un contrat civil devant l'officier public ;

En vertu du pouvoir qui lui est dévolu, statue et ordonne,

Qu'il est d'obligation religieuse pour tout Israélite français et du royaume d'Italie, de regarder désormais, dans les deux États, les mariages civilement contractés comme emportant obligation civile ; défend en conséquence à tout rabbin, ou autre personne dans les deux États, de prêter leur ministère à l'acte religieux du mariage, sans qu'il leur ait apparu auparavant de l'acte des conjoints devant l'officier civil, conformément à la loi.

Le grand sanhédrin déclare, en outre, que les mariages entre Israélites et Chrétiens, contractés conformément aux lois du Code civil, sont obligatoires et valables civilement, et que, bien qu'ils ne soient pas susceptibles d'être revêtus des formes religieuses, ils n'entraîneront aucun anathème.

Article IV.

Fraternité.

Le grand sanhédrin, ayant considéré que l'opinion des nations parmi lesquelles les Israélites ont fixé leur résidence depuis plusieurs générations, les laissoit dans le doute sur les sentimens de fraternité et de sociabilité qui les animent à leur égard, de telle sorte que, ni en France, ni dans le royaume d'Italie, l'on ne paroissoit point fixé sur la question de savoir si les Israélites de ces deux États regardoient leurs concitoyens chrétiens comme frères, ou seulement comme étrangers;

Afin de dissiper tous les doutes à ce sujet, le grand sanhédrin déclare,

Qu'en vertu de la loi donnée par Moïse aux enfans d'Israël, ceux-ci sont obligés de regarder comme leurs frères les individus des nations qui reconnoissent Dieu créateur du ciel et de la terre, et parmi lesquelles ils jouissent des avantages de la société civile, ou seulement d'une bienveillante hospitalité;

Que la sainte Écriture nous ordonne d'aimer notre semblable comme nous-mêmes, et que, reconnoissant comme conforme à la volonté de Dieu, qui est la justice même, de ne faire à autrui que ce que nous voudrions qui nous fût fait, il seroit contraire à ces maximes sacrées de ne point regarder nos concitoyens, Français et Italiens, comme nos frères ;

Que d'après cette doctrine universellement reçue, et par les docteurs qui ont le plus d'autorité dans Israël, et par tout Israélite qui n'ignore point sa religion, il est du devoir de tous, d'aider, de protéger, d'aimer leurs concitoyens, et de les traiter, sous tous les rapports civils et moraux, à l'égal de leurs co-religionnaires ;

Que, puisque la religion mosaïque ordonne aux Israélites d'accueillir avec tant de charité et d'égards les étrangers qui alloient résider dans leurs villes, à plus forte raison leur commande-t-elle les mêmes sentimens envers les individus des nations qui les ont accueillis dans leur sein, qui les protégent par leurs lois, les défendent par leurs armes, leur permettent d'adorer l'Eternel selon leur culte, et les admettent, comme en France et dans le royaume d'Italie, à la participation de tous les droits civils et politiques :

D'après ces diverses considérations, le grand sanhédrin ordonne à tout Israélite de l'Empire français, du royaume d'Italie, et de tous autres lieux, de vivre avec les sujets de chacun des États dans lesquels ils habitent, comme avec leurs concitoyens et leurs frères, puisqu'ils reconnoissent Dieu créateur du ciel et de la terre, parce qu'ainsi le veut la lettre et l'esprit de notre sainte loi.

ARTICLE V.

Rapports moraux.

Le grand sanhédrin, voulant déterminer quels sont les rapports que la loi de Moïse prescrit aux Hébreux envers les individus des nations parmi lesquelles ils habitent, et qui, professant une autre religion, reconnoissent Dieu créateur du ciel et de la terre,

Déclare que tout individu professant la religion de Moïse, qui ne pratique point la justice et la charité envers tous les hommes adorant l'Éternel, indépendamment de leur croyance particulière, pèche notoirement contre sa loi;

Qu'à l'égard de la justice, tout ce que prohibe l'Écriture sainte comme lui étant contraire, est absolu et sans acception de personnes;

Que le Décalogue et les livres sacrés qui renferment les commandemens de Dieu à

cet égard, n'établissent aucune relation particulière, et n'indiquent ni qualité, ni condition,
ni religion, auxquelles ils s'appliquent exclusivement, en sorte qu'ils sont communs aux
rapports des Hébreux avec tous les hommes
en général, et que tout Israélite qui les en-
freint envers qui que ce soit, est également
criminel et répréhensible aux yeux du Seigneur ;

Que cette doctrine est aussi enseignée par
les docteurs de la loi, qui ne cessent de prêcher l'amour du Créateur et de sa créature
(Traité d'Abbot, chap. VI, f. 6), et qui
déclarent formellement que les récompenses
de la vie éternelle sont réservées aux hommes
vertueux de toutes les nations; que l'on trouve
dans les prophètes des preuves multipliées qui
établissent qu'Israël n'est pas l'ennemi de ceux
qui professent une autre religion que la sienne ;
qu'à l'égard de la charité, Moïse, comme il
a déjà été rapporté, la prescrit au nom de
Dieu comme une obligation : « Aime ton pro-
» chain comme toi-même, car je suis le
» Seigneur. . . . . L'étranger qui habite dans
» votre sein, sera comme celui qui est né
» parmi vous : vous l'aimerez comme vous-
» mêmes, car vous avez été aussi étrangers
» en Égypte. Je suis l'Éternel votre Dieu »

(Levit. chap. XIX, v. 34). David dit : « La
» miséricorde de Dieu s'étend sur toutes ses
» œuvres » (Ps. 145, v. 9). « Qu'exige de
» vous le Seigneur? dit Michée : rien de plus
» que d'être juste, et d'exercer la charité »
(chap. VI, v. 8). « Nos docteurs déclarent que
» l'homme compatissant aux maux de son sem-
» blable, est à nos yeux comme s'il étoit issu
» du sang d'Abraham » (Hirubin, chap. VII);

Que tout Israélite est obligé envers ceux
qui observent les Noachides *, quelle que soit
d'ailleurs leur religion , de les aimer comme
ses frères, de visiter leurs malades, d'enterrer
leurs morts, d'assister leurs pauvres comme
ceux d'Israël, et qu'il n'y a point d'acte de
charité ni d'œuvre de miséricorde dont il
puisse se dispenser envers eux :

D'après ces motifs, puisés dans la lettre et
l'esprit de l'Écriture sainte,

Le grand sanhédrin prescrit à tous les Israélites, comme devoirs essentiellement religieux
et inhérens à leur croyance, la pratique habi-
tuelle et constante, envers tous les hommes
reconnoissant Dieu créateur du ciel et de la
terre, quelque religion qu'ils professent, des
actes de justice et de charité dont les livres
saints leur prescrivent l'accomplissement.

---

* Ce sont les préceptes donnés à Noé.

Article VI.

Rapports civils et politiques.

Le grand sanhédrin, pénétré de l'utilité qui doit résulter pour les Israélites d'une déclaration authentique qui fixe et détermine leurs obligations comme membres de l'État auquel ils appartiennent, et voulant que nul n'ignore quels sont à cet égard les principes que les docteurs de la loi et les notables d'Israël professent et prescrivent à leurs coreligionnaires dans les pays où ils ne sont point exclus de tous les avantages de la société civile, spécialement en France et dans le royaume d'Italie,

Déclare qu'il est de devoir religieux pour tout Israélite né et élevé dans un État, ou qui en devient citoyen par résidence ou autrement, conformément aux lois qui en déterminent les conditions, de regarder ledit État comme sa patrie;

Que ces devoirs, qui dérivent de la nature des choses, qui sont conformes à la destination des hommes en société, s'accordent par cela même avec la parole de Dieu.

Daniel dit à Darius, « qu'il n'a été sauvé » de la fureur des lions, que pour avoir été » également fidèle à son Dieu et à son roi.» (Chap. vi, v. 23.)

Jérémie recommande à tous les Hébreux de regarder Babylone comme leur patrie : « Concourez de tout votre pouvoir, dit-il, à son » bonheur. » (Jér. ch. v). On lit dans le même livre le serment que fit prêter Guedalya aux Israélites : « Ne craignez point , leur dit-il, » de servir les Chaldéens ; demeurez dans le » pays ; soyez fidèles au roi de Babylone, et » vous vivrez heureusement. » (*Ibid.* ch. XL, v. 9.)

« Crains Dieu et ton souverain », a dit Salomon. (Prov. ch. XXIV, v. 21.)

Qu'ainsi tout prescrit à l'Israélite d'avoir pour son prince et ses lois le respect, l'attachement et la fidélité dont tous ses sujets lui doivent le tribut ;

Que tout l'oblige à ne point isoler son intérêt de l'intérêt public , ni sa destinée , non plus que celle de sa famille, de la destinée de la grande famille de l'État ; qu'il doit s'affliger de ses revers , s'applaudir de ses triomphes , et concourir par toutes ses facultés au bonheur de ses concitoyens :

En conséquence, le grand sanhédrin statue que tout Israélite né et élevé en France et dans le royaume d'Italie, et traité par les lois des deux États comme citoyen, est obligé religieusement de les regarder comme sa patrie, de les servir, de les défendre, d'obéir aux lois, et de se conformer, dans toutes ses transactions, aux dispositions du Code civil.

Déclare en outre, le grand sanhédrin, que tout Israélite appelé au service militaire est dispensé par la loi, pendant la durée de ce service, de toutes les observances religieuses qui ne peuvent se concilier avec lui.

ARTICLE VII.

Professions utiles.

LE grand sanhédrin, voulant éclairer les Israélites, et en particulier ceux de France et du royaume d'Italie, sur la nécessité où ils sont, et les avantages qui résulteront pour eux de s'adonner à l'agriculture, de posséder des propriétés foncières, d'exercer les arts et métiers, de cultiver les sciences qui permettent d'embrasser des professions libérales; et considérant que si, depuis long-temps, les Israélites des deux États se sont vus dans la nécessité de renoncer en partie aux travaux mécaniques, et principalement à la culture des terres, qui avoit été, dans l'ancien temps, leur occupation favorite, il ne faut attribuer ce funeste abandon qu'aux vicissitudes de leur état, à l'incertitude où ils avoient été, soit à l'égard de leur sûreté personnelle, soit à l'égard de leurs propriétés, ainsi qu'aux obstacles de tout genre que les réglemens et les lois des nations opposoient au libre développement de leur industrie et de leur activité ;

Que cet abandon n'est aucunement le résultat des principes de leur religion, ni des interprétations qu'en ont pu donner leurs docteurs, tant anciens que modernes, mais bien un effet malheureux des habitudes que la privation du libre exercice de leurs facultés industrielles leur avoit fait contracter ;

Qu'il résulte, au contraire, de la lettre et de l'esprit de la législation mosaïque, que les travaux corporels étoient en honneur parmi les enfans d'Israël, et qu'il n'est aucun art mécanique qui leur soit nominativement interdit, puisque la sainte Écriture les invite et leur commande de s'y livrer ;

Que cette vérité est démontrée par l'ensemble des lois de Moïse et de plusieurs textes particuliers, tels, entre autres, que ceux-ci :

Psaume 127. « Lorsque tu jouiras du labeur » de tes mains, tu seras bienheureux, et tu » auras l'abondance ; »

Prov. ch. 28 *et* 29. « Celui qui laboure ses » terres aura l'abondance, mais celui qui vit » dans l'oisiveté est dans la disette ; »

Ibid. ch. 24 *et* 27. « Laboure diligemment
» ton champ, et tu pourras après édifier ton
» manoir; »

Misna, Traité d'Abbot, ch. 1. « Aime le
» travail, et fuis la paresse; »

Qu'il suit évidemment de ces textes, non-
seulement qu'il n'est point de métier honnête
interdit aux Israélites; mais que la religion
attache du mérite à leur exercice, et qu'il est
agréable aux yeux du Très-Haut que chacun
s'y livre, et en fasse, autant qu'il dépend de
lui, l'objet de ses occupations;

Que cette doctrine est confirmée par le
Talmud, qui, regardant l'oisiveté comme la
source des vices, déclare positivement que
le père qui n'enseigne pas une profession à
son enfant, l'élève pour la vie des brigands
(*voy.* Kiduschim, ch. 1.er):

En conséquence, le grand sanhédrin, en
vertu des pouvoirs dont il est revêtu,

Ordonne à tous les Israélites, et en particulier à ceux de France et du royaume d'Italie,
qui jouissent maintenant des droits civils et
politiques, de rechercher et d'adopter les
moyens les plus propres à inspirer à la jeunesse l'amour du travail, et à la diriger vers
l'exercice des arts et métiers, ainsi que des
professions libérales, attendu que ce louable

exercice est conforme à notre sainte religion,
favorable aux bonnes mœurs, essentiellement
utile à la patrie, qui ne sauroit voir dans des
hommes désœuvrés et sans état que de dangereux citoyens.

Invite en outre, le grand sanhédrin, les
Israélites des deux États de France et d'Italie,
d'acquérir des propriétés foncières, comme un
moyen de s'attacher davantage à leur patrie,
de renoncer à des occupations qui rendent
les hommes odieux ou méprisables aux yeux
de leurs concitoyens, et de faire tout ce qui
dépendra de nous pour acquérir leur estime
et leur bienveillance.

Article VIII.

Prêt entre Israélites.

Le grand sanhédrin, pénétré des inconvéniens attachés aux interprétations erronées
qui ont été données au verset xix du chap. 23
du Deutéronome et autres de l'Écriture sainte
sur le même sujet, et voulant dissiper les
doutes que ces interprétations ont fait naître
et n'ont que trop accrédités sur la pureté de
notre morale religieuse, relativement au prêt,

Déclare que le mot hébreu *nechech*, que
l'on a traduit par celui d'*usure*, a été mal

interprété ; qu'il n'exprime, dans la langue hébraïque, qu'un intérêt quelconque, et non un intérêt usuraire ; que nous ne pouvons entendre par l'expression française d'*usure* qu'un intérêt au-dessus de l'intérêt légal, là où la loi a fixé un taux à ce dernier ; que de cela seul que la loi de Moïse n'a point fixé ce taux, l'on ne peut pas dire que le mot hébreu *nechech* signifie un intérêt illégitime ; qu'ainsi, pour qu'il y eût lieu de croire que ce mot eût la même acception que celui d'*usure*, il faudroit qu'il en existât un autre qui signifiât *intérét légal* ; que ce mot n'existant pas, il suit nécessairement que l'expression hébraïque *nechech* ne peut point signifier *usure* ;

Que le but de la loi divine, en défendant à un Hébreu le prêt à intérêt envers un autre Hébreu, étoit de resserrer entre eux les liens de la fraternité, de leur prescrire une bienveillance réciproque, et de les engager à s'aider les uns les autres avec désintéressement ;

Qu'ainsi il ne faut considérer la défense du législateur divin que comme un précepte de bienfaisance et de charité fraternelle ;

Que la loi divine et ses interprètes ont permis ou défendu l'intérêt, selon les divers usages que l'on fait de l'argent. Est-ce pour soutenir une famille ? l'intérêt est défendu.

(109)

Est-ce pour entreprendre une spéculation de commerce qui fait courir un risque aux capitaux du prêteur ? l'intérêt est permis quand il est légal, et qu'on peut le regarder comme un juste dédommagement. *Prête au pauvre,* dit Moïse ; ici le tribut de la reconnoissance, l'idée d'être agréable aux yeux de l'Éternel, est le seul intérêt ; le salaire du service rendu est dans la satisfaction que donne la conscience d'une bonne action : qu'il n'en est pas de même de celui qui emploie des capitaux dans l'exploitation de son commerce ; là, il est permis au prêteur de s'associer au profit de l'emprunteur :

En conséquence, le grand sanhédrin déclare, statue et ordonne, comme devoir religieux, à tous Israélites, et particulièrement à ceux de France et du royaume d'Italie, de n'exiger aucun intérêt de leurs coreligionnaires, toutes les fois qu'il s'agira d'aider le père de famille dans le besoin, par un prêt officieux ;

Statue, en outre, que le profit légitime du prêt entre coreligionnaires n'est religieusement permis que dans le cas de spéculations commerciales qui font courir un risque au prêteur, ou en cas de lucre cessant, selon le taux fixé par la loi de l'État.

Article IX.

Prêt entre Israélite et non Israélite.

Le grand sanhédrin, voulant dissiper l'erreur qui attribue aux Israélites la faculté de faire l'usure avec ceux qui ne sont pas de leur religion, comme leur étant laissée par cette religion même, et confirmée par leurs docteurs talmudistes;

Considérant que cette imputation a été, dans différens temps et dans différens pays, l'une des causes des préventions qui se sont élevées contre eux, et voulant faire cesser dorénavant tout faux jugement à cet égard, en fixant le sens du texte sacré sur cette matière;

Déclare que le texte qui autorise le prêt à intérêt avec l'étranger, ne peut et ne doit s'entendre que des nations étrangères avec lesquelles on faisoit le commerce, et qui prêtoient elles-mêmes aux Israélites, cette faculté étant basée sur un principe naturel de réciprocité;

Que le mot *nochri* ne s'applique qu'aux individus des nations étrangères, et non à des concitoyens que nous regardons comme nos frères;

(111)

Que même, à l'égard des nations étrangères, l'Écriture sainte, en permettant de
prendre d'elles un intérêt, n'entend point
parler d'un profit excessif et ruineux pour
celui qui le paye, puisqu'elle nous déclare
ailleurs que toute iniquité est abominable
aux yeux du Seigneur :

En conséquence de ces principes, le grand
sanhédrin, en vertu du pouvoir dont il est
revêtu, et afin qu'aucun Hébreu ne puisse à
l'avenir alléguer l'ignorance de ses devoirs
religieux en matière de prêt à intérêt envers
ses compatriotes, sans distinction de religion,

Déclare à tous Israélites, et particulièrement à ceux de France et du royaume d'Italie,
que les dispositions prescrites par la décision
précédente sur le prêt officieux ou à intérêt
d'Hébreu à Hébreu, ainsi que les principes
et les préceptes rappelés par le texte de l'Écriture sainte sur cette matière, s'étendent tant
à nos compatriotes, sans distinction de religion, qu'à nos coreligionnaires ;

Ordonne à tous, comme précepte religieux,
et en particulier à ceux de France et du
royaume d'Italie, de ne faire aucune distinction à l'avenir, en matière de prêt, entre
concitoyens et coreligionnaires, le tout conformément au statut précédent ;

Déclare, en outre, que quiconque transgressera la présente ordonnance, viole un devoir religieux, et pèche notoirement contre la loi de Dieu ;

Déclare enfin que toute *usure* est indistinctement défendue, non-seulement d'Hébreu à Hébreu, et d'Hébreu à concitoyen d'une autre religion, mais encore avec les étrangers de toutes les nations, regardant cette pratique comme une iniquité abominable aux yeux du Seigneur.

Ordonne également, le grand sanhédrin, à tous les rabbins, dans leurs prédications et leurs instructions, de ne rien négliger auprès de leurs coreligionnaires pour accréditer dans leur esprit les maximes contenues dans la présente décision.

De l'Imprimerie de PLASSAN, Imprimeur de la Grande-Chancellerie de la Légion d'honneur, rue de Vaugirard, n.° 9, près de l'Odéon.

www.ingramcontent.com/pod-product-compliance
Lightning Source LLC
LaVergne TN
LVHW021931030726
842523LV00001B/120